水中健身

张　洋　刘锦瑶　著

北京体育大学出版社

策划编辑　李志诚　潘　帅
责任编辑　吴光远　李志诚
责任校对　姜艳艳
版式设计　小　小

图书在版编目（CIP）数据

水中健身/张洋，刘锦瑶著．—北京：北京体育大学出版社，2018．5
ISBN 978－7－5644－2887－7

Ⅰ．①水…　Ⅱ．①张…　②刘…　Ⅲ．①水上－健美操　Ⅳ．①G831．3

中国版本图书馆 CIP 数据核字（2018）第 099617 号

水中健身
SHUIZHONG JIANSHEN
张　洋　刘锦瑶　著

出版发行：北京体育大学出版社
地　　址：北京市海淀区农大南路 1 号院 2 号楼 2 层办公 B－212
邮　　编：100084
网　　址：http：//cbs. bsu. edu. cn
发 行 部：010－62989320
邮 购 部：北京体育大学出版社读者服务部 010－62989432
印　　刷：北京虎彩文化传播有限公司
开　　本：710 毫米 ×1000 毫米　1/16
成品尺寸：170 毫米 ×240 毫米
印　　张：11. 75
字　　数：215 千字
版　　次：2018 年 5 月第 1 版
印　　次：2018 年 12 月第 1 次印刷
定　　价：40. 00 元

前言

水中健身是大众游泳的一部分，包括水中健身操、水中娱乐、水中减肥和水中康复等内容。水中健身是以促进健康、增强体质、促进伤病康复、塑造形体、休闲娱乐等为目的，利用水环境特点在水中进行的各种形式的锻炼活动，具有练习效果好、运动形式多样等特点，受到练习者青睐。

水中健身既可在浅水中进行，也可在深水中借助辅助器械进行。水中健身的适宜水温是27～30℃，便于散热；水温低于27℃时，必须增加热身时间，才能转入动作幅度较大、负荷较高的有氧练习。

水中健身可以提高肌肉力量和身体柔韧性，改善心血管系统、呼吸系统等身体机能，具有较好的强身健体、康复医疗等作用，同时还可以促进人与人的交流，达到陶冶情操与休闲娱乐的目的。

目　　录

CONTENTS

第一章　水中健身概述

第一节　水中健身的起源与发展现状

一、水中健身的起源

在很长一段时间里，人们狭义地把水中活动当作消暑解热或者是竞技类项目来看待，忽视了水跟人体健康之间的密切联系。早在公元330年，人们就用水来强身健体或者治病疗伤。而在中国出土的5 000年前的陶器上，我们也可以看到雕刻着人类在水中猎食水鸟及类似爬泳等动作形态的图案。

水中健身有很大一部分来源于陆上健身，因为在陆上进行健身的时候，如果没有专业人士进行指导，很容易使锻炼者的身体产生损伤。例如，承重较多的腰部、双膝、脚踝、跟腱等。而在水中，因为有缓冲与浮力，使得锻炼者在练习上会有效地缓解上述运动损伤。

1967年，美国医生库伯创新发布了水中健身这一概念，并在多年的研究下推出了水中健身的一些基本的体能训练方式，如在水中走步、慢跑、泳姿锻炼等。当时，人们称它为“水中有氧运动”，在后人的不断创新改进下，人们又给它起了新的更贴切的名字——“水中徒手体操”“水中韵律操”，甚至有人称它为“水中芭蕾”。但它与陆地上的健身不同，同时也与游泳和花样游泳有很大差别。它是根据人体在水环境下的特点，利用水对人体的影响而设计编排的一些简单易行的形体动作和一些举臂、踢腿、转体等运动来增强体质，达到健身的目的。

早在2 000多年前，我国人民就开始了戏水活动。他们从沐浴开始，逐渐形成了各种水中娱乐、健身练习活动。我国春秋时代的“天池”、汉代（公元前206—公元220年）的“太液池”等都是当时贵族常去玩乐的场所。在我国南北朝时，游泳已在民间和皇室相当流行，隋唐时期的宫廷还专门设立了可以跳水、游泳、抛水球的“水殿”。

二、水中健身的发展

当代人在生活水平和文化素养不断提高的背景下，对生活方式、文化健康的追求也在不断提高，人们不再只关注物质的增长，对于身体健康、娱乐文化方面也有了一定的要求。为了满足人们对强身健体、休闲娱乐的要求，许多健身锻炼方法也随之产生。

人们的锻炼形式大部分固定在陆上，它具有场地自由、简单易上手且锻炼效果突出等特点。但是，人们逐渐地发现长时间的陆上锻炼也会给参加者带来运动伤害与烦恼。例如，高尔夫球练习，由于常常只使用一侧的肌肉而造成腰痛，足球练习产生腰痛，网球、棒球练习时大量使用肘关节而造成肘痛。20 世纪 80 年代流行的健身操就是通过长时间的有氧训练来增强心肺的运动机能，达到人们身体健康的最终目的。这种训练方式的最大弊端是在受到重力的情况下，在陆上多次重复跳跃动作，对腰、膝、踝等部位的强刺激往往会使练习者产生损伤。除此之外，老年或某些疾病患者、妊娠、身体肥胖等人群在陆上练习也有不便之处或效果不佳的状况。

因此，人们就想到了水，利用水的特性，在水中进行各种运动可能就会避免上述产生的损伤。经过反复试验，结果表明：水中锻炼的效果极好。有上述损伤的人，在一段时间的水中练习后疼痛减轻或消失了。由此可见，水中练习不仅具有避免运动损伤的效果，同时还具有康复病痛的作用。正是由于水中练习的独特作用，其在世界各地应运而生并不断发展壮大。

现如今全球各个国家均开始重视水中健身的发展，很多人培养了自己长期从事水中健身的习惯，这些爱好者不论性别与年龄、不论体质和运动水平，都在游泳俱乐部进行定期的有一定训练计划的练习。

三、国内水中健身现状

为了更好地贯彻和落实《全民健身计划纲要》，2007 年 10 月 13 日在北京市国家教育行政学院游泳馆举行了首届全国水中健身操大赛，当时来自北京、天津、湖北、重庆、广东、澳门等地的 14 支参赛队伍共 98 人参加了这次比赛。这次比赛设有“徒手水中健身操”“器械水中健身操”两个项目，分成普通组的青年组、中年组、老年组、混合组、家庭组及专业组和高校组，年龄最小的 10 来岁，最大的65岁。这反映出水中健身项目参与人群的广泛性，不论年龄、职业和性别或者是否会游泳都能够通过参加水中健身来强身健体、陶冶情操。本次比赛的成功举办为我国水中健身项目开启了更为广阔的发展空间。

通过调查得知，此项运动目前在北京、深圳、上海发展较快。目前，北京大多数俱乐部都集中在CBD商圈或星级饭店和写字楼附近。这些健身房或俱乐部开设了水中健身项目，课程内容有水中大众有氧操、水中形体操、水中康复操等。因为水中健身传入我国的时间比较短，推广面比较窄，在我国还处于起步阶段。

四、国外水中健身现状

据美国水中健身联盟（AEA）统计，随着水中健身项目的开展，美国的专业水中健身者人数已经从1992年的6 000人发展到2000年的18 000人。从美国水中健身协会提供的数据来看，大约有600万美国人有定期从事水中健身活动的习惯，并且数据逐年递增。很多医院里也有游泳池，许多孕妇参加了水中健身的课程而缓解了孕期的不适症状进而顺利分娩。许多患者还通过水的特性来进行康复治疗。在许多医院有专业的水疗师，他们通过对病人进行病情分析、开出运动疗方，帮助病人进行指导练习。在澳大利亚，有40%的老人参与水中健身锻炼。水中健身作为一种医疗方法，对心血管疾病、糖尿病有很好的疗效。通过调查得知，有将近30%的美国女性群体选择水中健身来作为自己的健身方式。在日本，水中健身的普及度也很高，全国有1 500多个游泳学校，进行水中健身的人口有600多万。1987年，日本就有了水中健身操运动。长野纯先生等人开办了“生动的水”研究所并制定了水中健身的基本内容，具体包括准备活动、有氧运动、伸展运动、整理运动4个部分。同时，他们不局限于徒手练习，还配备了各类轻器械辅助器具，如夹腿板、浮力泳服、平衡板（圈、划水掌）、负重背心、U形棒等，极大地丰富了水中健身的内容。

第二节　水中健身的分类

一、水中有氧健身操

水中有氧健身操就是利用水的特性，结合有氧健身操的基本元素、游泳动作和一些有韵律的身体动作在水中进行有氧锻炼的运动项目。在水中进行有氧健身锻炼能充分利用水的阻力和浮力，通过水中有氧健身操的训练可以提高有氧耐力，锻炼人的柔韧性，同时减少运动损伤的发生。水的环境与母胎相似，且婴幼儿在水中不易受伤，因此婴幼儿也十分适合在水中活动。

（一）水中有氧健身操的概念

水中有氧健身操是在音乐的伴奏或无伴奏下，以体操或肌肉强化练习的形式进行锻炼。水中有氧健身操主要是由准备活动、有氧运动、伸展运动、整理运动 4 部分构成，分为单人、双人和集体 3 种表现形式。动作表现分为徒手或轻器械。它通过广泛应用运动解剖学、运动生物化学、运动心理学、运动生理学、流体力学、运动医学等方面的科学理论指导锻炼来提高肌肉力量、身体柔韧性，改善心血管系统、呼吸系统等身体机能，具有很高的强身健体、康复医疗作用。

进行水中有氧健身操练习时，一般水温应在 27 ~ 30 摄氏度。多数练习者是在浅水池中进行的，水面高度可在中腹部和腋窝之间（1 ~ 1.4 米）。水性好的练习者也可借助轻器械在深水中进行练习。

（二）水中有氧健身操的特点

水中有氧健身操是一项新型的健身方式，人在 1 ~ 1.4 米深的水中进行有氧、形体、康复等类型的训练。即使是没有游泳基础的人也可以参加水中有氧健身操的锻炼，水的特性使这项运动比陆上健身有着更多的乐趣，是正被全球人民接受的新运动。

（1）具有比陆上健身效果更好的特点。人在水中进行同样运动量的活动，水中与陆上相比，至少要用 6 倍的力量，受阻感是空气中的 800 多倍。由于水温较低，水中健身消耗的热量多于陆上，因此身体里面的糖类和脂肪消耗也大于陆上。有经验的健身教练介绍：当俯卧游动待肩下沉至水面时，人体的肺部一般在水面下 30 ~ 50 厘米处，这时要承受比陆上练习时高出很多的气压；如果身体状况不好，就会明显感觉到呼吸比陆上困难。所以多做水中健身，对于提高心肺功能是十分有效的，而且水的浮力使人不易受伤。在水中做有氧运动比在陆上做更显而易见的优势是：水中跳操时踝膝关节基本受不到冲击和震荡，大大减少了运动中关节、骨骼、肌肉的压力，也不容易受伤。可以说，水中健身是肥胖人士最适合的一项运动。

（2）练习目的具有针对性的特点。由于水的多种特性，水中运动的机体可塑性最强。水中健身的练习包括上肢、下肢、躯干等部位的健身、娱乐、减肥、康复等内容，可以满足各种不同练习人群的锻炼需求。长期坚持水中健身可以有效改善不良的身体姿态，使整个人体向流线型发展。同时，腹部和腿部可通过水的阻力得到充分的锻炼。

（3）练习具有趣味性和多样性的特点。练习形式与动作具有多变性，个人练习和集体练习转换容易。由于水中健身的种类和形式的多样性，使练习者可以在不同的身体条件下和不同的年龄阶段中完成他们各种与自身相适应的水中健身内容，同时可使练习者体会到运动的趣味性和健身的乐趣，从而达到“终身体育”的健身目的。

（4）具有广泛的群众性特点。不论男女老少、是否有运动基础、体质好坏都可以参加练习。水中健身的姿势多样且简易，要求也不像竞技游泳那么高难，非常适宜无任何基础的群众完成。

（5）具有健身、健心整体性效果的特点。练习既有外在美的锻炼，又有内在美的培养，身美和心美紧密结合起来。同时，在运动中既能促进人与人之间的交流，又可以很好地培养人的竞争意识。

（三）水中有氧健身操的分类

水中有氧健身操可划分为一般性水中健身操 、表演性水中健身操 、竞技性水中健身操。

1. 一般性水中健身操

一般性水中健身操就是利用水的特性，结合走、跑、跳和有氧健身的一些元素、游泳的动作和一些有韵律的身体动作在水中进行有氧锻炼的运动项目。

2. 表演性水中健身操

表演性水中健身操的目的是在表演中展示自己的价值和魅力，在观赏中陶冶情操，从而促进水中健身的广泛开展，满足人们展示和表现自我的需要。表演性水中健身操选择观赏性高的动作配合相应的音乐进行合理的编排，表演的形式、人数、规模在编排的成套动作中可以自由发挥，同时表演者可以利用轻器械来提高观赏性。

3. 竞技性水中健身操

竞技性水中健身操的目的是竞赛，它对参与的人数、比赛的场地、成套动作的时间等方面都有严格的要求。它对成套的编排、动作的完成、难度动作的数量等也都有严格的规定。因此，在动作设计上更加多样化，并严格避免重复及危险的动作，在成套中加入大量的难度动作，如各种跑、跳、空中转体等，充分体现运动员的体能、技术水平和表现力。

随着水中有氧健身的不断发展，水中的练习内容也越来越丰富、越来越科学。各个国家和地区也会把自己民族的特色逐渐加入水中锻炼中去。

(四) 水中有氧健身操的作用

有氧健身无论是在水中还是在陆上，其锻炼的机理都是一致的，都可促进身体健康，延缓衰老。不同的是在水中健身不仅对预防和治疗人类病亡率最高的心血管系统疾病有着其他运动不可取代的作用，而且对哮喘、高血压、关节炎、颈椎病、消化系统疾病等均有预防和治疗的作用。

1. 有最佳的塑形作用

由于水的特性使得做练习的人可以在最小的地心引力下，完成诸多类型的练习。无论对什么体型的人群，长期坚持在水中健身都具有较高的锻炼价值。水中健身可使肥胖者通过有针对性和较合理的水中锻炼计划，达到减脂塑身的目的。瘦弱者通过有针对性和较合理的休息及均衡的膳食，达到增加体重、健美的目的。因此，长期的水中有氧健身不仅可调节人体姿态和脊柱的生理弯曲，而且可使整个人体向流线型发展，特别是对练习者的臂部、肩背部、胸部、腰部、腹部、腿部、足部曲线的塑造起到一个良好的促进作用。

2. 有为练习者提供更安全和更有效运动环境的作用

阻力和浮力是水的特性，这在无形中给练习者形成了一道身体防线。例如，在水中做任何动作都要与水的阻力做斗争，要比在陆上花费更多的力量。同时，水的阻力又限制了身体或肢体在水中的运动频率，使练习者在运动时能避免受到伤害。

3. 有运动损伤后的康复作用

黏滞性和流动性是水的物理特性，人们经常运用水的按摩作用来进行运动损伤的康复，同时可以消除运动后的身体疲累，调节心理，放松心情。据报道，目前专业运动员在每天大运动量训练结束后，必须进行20分钟左右的水中有氧运动，以达到消除疲劳的目的。

4. 有使健身者掌握一系列水中救生技能的作用

人们进行水中运动主要有两个目的：一是为了掌握生存技能，即水中自救；二是健身、娱乐。由于参加水中有氧运动可以在水中完成各种姿势，如身体可以呈仰浮、俯浮、侧浮或完成原地的站立练习的各种难易动作，它不仅有利于身心健康，而且还可以使健身者同时掌握水中自救、救援及救助他人的技能。在练习中，人们互相配合，加强人际间的交往，使人们抛开烦恼、增强自信心，在运动中找到快乐、找回自我。

二、水中形体训练

（一）水中健身站立姿态练习

1. 站姿（图1－1）

动作描述：两脚站立小“八”字步（立正），双腿并拢自然外展，膝关节伸直。头颈正直挺拔，下颌略收回，两肩放松，外展下沉，后背立直，挺胸、立腰、收腹、提气，臀部和两腿肌肉收紧，目视前方。两臂自然下垂，放于体侧，掌心向内。

教法及要求：

（1）按照动作要求，从头到脚，每个部位检验正确，特别注意髋与肩四点放正，不可前倾或后倒，养成正确站立姿势。

（2）不可端肩，要体会立腰、夹臀和两腿肌肉收紧的用力方法。

（3）躯干挺直的发力点应在腰部，背肌收缩用力。

（4）后背发力前顶，使胸部展开，两肩自然舒展。

（5）夹臀动作需两脚和两腿外展，用力协调自如，臀大肌充分收缩夹紧。

（6）调节呼吸，均匀流畅。

图1－1　站姿

2. 手位练习（图1－2）

动作描述如下。

一位：双臂体前下垂，形成自然弧形，双手指尖相对，距离约一拳宽，与身体距离约一拳远，手心向上（稍向内）。

二位：由一位手位缓缓上举至略低于水平位置，保持双臂相对位置不变。

三位：由二位手位继续上移至上举位置，余光恰能看见手指尖即可，保持双臂相对位置不变。

四位：保持左臂不动，右臂缓缓下移至二位手位位置。

五位：保持左臂不动，右臂缓缓水平打开至体侧位置，掌心向前。

六位：保持右臂不动，左臂缓缓下移至二位手位位置。

七位：保持右臂不动，左臂缓缓打开至体侧，与左臂对称，稍低于肩。

教法及要求：

（1）手指自然伸展并拢，大拇指展开内收，使臂、肘、腕、指形成圆滑弧形。

（2）保持基本站姿，头、颈、胸随手臂姿态变化而自然变化。

（3）肩下沉，肘关节不可夹于体侧或下沉。

（4）动作过程舒缓、控制性强，可配合音乐练习。

图1－2　手位练习

3. 手臂摆动（图 1－3）

动作描述：双臂以肩为轴同时或依次向前、向侧、向后等方向摆动或同时向相反方向摆动。

教法及要求：

（1）摆臂时从躯干开始发力，肩带动肘、肘带动手直臂摆动。

（2）双肩放松下沉，利用惯性作用进行钟摆式练习。

（3）体会手臂向远方延伸的感觉，配合躯干及头颈的随动。

图 1－3　手臂摆动

4. 手臂绕环

动作描述：两臂以肩为轴向同一方向或不同方向，同时或依次进行绕环。

教法及要求：

（1）上肢伸直，体会向远方延伸的大幅度动作。

（2）动作连贯、协调、舒展，圆环或半环环面清晰并垂直于地面。

（3）保持身体姿态。

5. 手臂波浪（图 1－4）

动作描述：

（1）由肩部开始启动发力，肘关节领先，提肘带动手臂开始，肘、腕、指关节依次上提弯曲并向远方延伸。

（2）随后，由肩、肘、腕、指关节依次下压，恢复起始姿态。

教法及要求：

（1）波浪动作要求柔和、连贯。

（2）动作部位放松且连贯，将动力由起始部位依次传递到末端。

（3）切勿使肩端或局部关节过于紧张。

图1－4　手臂波浪

6. 胸部含展练习（图1－5）

动作描述：

（1）双脚与肩同宽开立准备，两臂侧举。

（2）双臂由侧向前，最大幅度环抱躯干，胸部脊柱前屈，同时含胸低头。

（3）双臂由前向侧后最大幅度打开，同时抬头展胸。

教法及要求：

（1）动作缓缓进行，两肩放松。

（2）前屈体时，以腰、胸、肩、头依次前屈；后屈体时，保持身体平衡，髋关节稳定。

图1－5　胸部含展练习

7. 胸波浪（图1－6）

动作描述：

（1）双脚站立呈小“八”字步，两肩自然下垂。

（2）胸部脊柱由下而上一节一节向前展，经颈椎至抬头。

（3）胸部脊柱由下而上一节一节向后收，使胸脊椎向前屈成弧形，最后埋头。

教法及要求：

胸脊椎向前、向后屈时，注意各个椎体依次进行动作。

图1－6 胸波浪

8. 身体前波浪（图1－7）

动作描述：

（1）双腿并拢伸直站立，三位手位准备。

（2）由腰、胸、肩、头、手臂依次前屈至略低于水平位置，手心向下，膝关节伸直。

（3）直臂翻转至手心向上，双臂沿体侧继续向后摆起，同时屈膝，含胸低头。

（4）摆臂至三位手位，同时由膝、髋、腰、胸、肩、颈、头、手臂，最后至指尖依次向前顶起。

教法及要求：

（1）动作流畅，各关节依次连续完成。

（2）动作幅度最大化。

图1－7 身体前波浪

9. 身体后波浪（图1-8）

动作描述：

（1）双腿并拢伸直站立，三位手位准备。

（2）保持髋关节、双腿不动，保持三位手位随上体一起向后下腰，膝关节伸直。

（3）翻转手臂，手心向外，经体侧摆臂向前。屈膝同时由腰、胸、肩、头依次向前含胸低头。

（4）直膝同时由腰、胸、肩、头、手臂依次波浪伸展，回到起始姿态。

教法及要求：

（1）动作流畅，各关节依次连续完成。

（2）动作幅度最大化。

图1-8　身体后波浪

10. 身体侧波浪（图1-9）

动作描述：

（1）左腿站立，右脚侧点地，双臂左斜上举。

（2）左腿半蹲，由膝、髋、腰、胸、肩、颈、头依次由左向右移动重心，经两腿半蹲，右腿半蹲至右脚站立，左脚侧点地，身体稍左侧屈，同时两臂依次向下经体前至右斜上举，抬头挺胸。

教法及要求：

（1）动作流畅，各关节依次连续完成。

（2）动作幅度最大化。

图 1－9 身体侧波浪

11. 螺旋波浪（图 1－10）

动作描述：

（1）两脚自然站立，两臂上举三位手位。

（2）两腿半蹲，膝、髋、腰、胸由前向左依次向上转动。身体重心逐渐上升至头上，两脚起踵站立，两臂一前一后同时摆动绕环 1 周，回到上举姿态。

教法及要求：

（1）动作流畅，各关节依次连续完成。

（2）动作幅度最大化。

图 1－10 螺旋波浪

（二）水中健身地面姿态练习

1. 足踝练习

（1）勾绷脚练习。（图 1－11）

动作描述：

①直角坐于池边，双臂体后撑地，指尖向后，双腿伸直并拢。

②用力勾起双脚脚面及脚趾，脚跟向前顶。

③脚面及脚趾充分绷直。

教法及要求：

①挺胸抬头、腰背颈立直、收腹，双腿外旋夹紧。

②膝关节始终伸直。

③可双脚同时或依次交替练习。

图 1－11　勾绷脚练习

(2) 踝关节绕环。(图 1－12)

动作描述：

①直角坐于池边，双臂体后撑地，指尖向后，双腿伸直并拢。

②双脚并拢，由脚尖至脚面依次勾脚。

③外旋至贴地面，由脚面至脚尖依次绷直，收回到原位。

教法及要求：

①挺胸抬头、腰背颈立直、收腹，双腿外旋夹紧。

②膝关节始终伸直。

③动作幅度最大化。

图 1－12　踝关节绕环

（3）跪撑压足尖。（图 1－13）

动作描述：

①双腿跪坐在池边，双腿双脚靠拢夹紧，绷脚面贴于地面，双手体前撑地。

②双手撑地，双膝离地，脚尖撑地，弹性下压。

③还原跪坐。

教法及要求：压脚尖时重心在后，脚跟脚尖始终并拢。

图 1－13　跪撑压足尖

2. 膝关节练习

（1）屈伸练习。（图 1－14）

动作描述：

①直角坐于池边，双臂体后撑地，指尖向后，双腿伸直并拢。

②单腿屈膝向上，脚尖以大脚趾在异侧腿膝盖内侧点地，绷脚面，异侧腿膝关节伸直。

③保持大腿不动，小腿延伸至膝关节伸直，绷脚面。

教法及要求：

①挺胸抬头、腰背颈立直、收腹，双腿外旋夹紧。

②左右腿交替练习。

图 1－14　屈伸练习

（2）点地练习。（图 1－15）

动作描述：

①直角坐于池边，双臂体后撑地，指尖向后，双腿伸直并拢。

②单腿直膝向上，脚尖以大脚趾在异侧腿膝关节内侧，绷脚面，异侧腿膝关节

伸直。

③保持大腿不动，脚尖由异侧腿膝关节内侧至膝关节外侧点地，绷脚面，异侧腿膝关节伸直。

教法及要求：

①挺胸抬头、腰背颈立直、收腹，双腿外旋夹紧。

②左右腿交替练习。

图1－15　点地练习

3. 髋关节练习

（1）仰卧。（图1－16）

动作描述：

①仰卧，双腿伸直并拢，双臂侧平举自然贴地，手心向下。

②单腿直腿上举至垂直于地面，向侧方打开至地面，经地面画半圆收回原位。

③反方向练习，左右腿交替练习。

教法及要求：

①另一条腿保持不动，肩、髋平稳贴地，切勿身体旋转。

②过程连贯，动作有控制。

图1－16　仰卧

（2）俯卧。（图 1 – 17）

动作描述：

①俯卧，双腿伸直并拢，双臂上举三位手位自然贴地，手心向下。

②单腿直腿向上摆起至最大幅度，收回原位。另一条腿保持不动。

③左右腿交替练习。

教法及要求：

①另一条腿保持不动，上身平稳贴地，切勿身体旋转。

②过程连贯，动作有控制。

图 1 – 17　俯卧

4. 上体练习

（1）波浪体前屈。（图 1 – 18）

动作描述：

①直角坐于池边，双臂体后撑地，指尖向后，双腿伸直并拢。

②由腰、胸、肩、颈、头、手臂依次向前波浪，至体前屈上体贴双腿位置。

③依照同样顺序波浪起身，恢复起始姿态。

教法及要求：

①挺胸抬头、腰背颈立直、收腹，双腿外旋夹紧。

②过程连贯，各关节依次完成。

③体前屈腹部贴大腿，尽量保证腰背部舒展。

图 1 – 18　波浪体前屈

（2）分腿侧腰。（图1－19）

动作描述：

①坐于池边，双腿伸直分开，两臂侧举。

②上体侧屈，同侧手体前扶地，异侧手臂三位手位抱腿。

③左右交替练习。

教法及要求：

①腰背立直，尽量使上体翻转向上。

②双腿伸直，向两方延伸。

图1－19　分腿侧腰

5. 全身练习（图1－20）

动作描述：

（1）跪撑在池边垫上，低头、弓背，双臂体前撑地。

（2）臀部后坐，上体尽量前屈，两臂前伸。

（3）屈肘、塌腰、胸轻微触垫向前滑动，呈俯卧撑姿态，使双腿及髋自然贴地。

（4）伸直手臂，抬头、挺胸。

（5）收腹提臀向后移重心成跪坐，两手保持撑地。

教法及要求：

（1）动作流畅连贯。

（2）身体起伏明显，向前后移动时，胸部尽量贴地。

图 1-20　全身练习

三、水中瑜伽

水中瑜伽，感受瑜伽新乐趣。瑜伽不仅是属于陆地上的运动，其实在水里做瑜伽效果也是很好的。许多参加过陆上瑜伽训练的人都惧怕或难以忍受传统瑜伽体位中抻拉筋腱的酸痛感，那不妨来尝试一下水中瑜伽，它会让你有耳目一新的感觉。

水中瑜伽是水中健身运动中最新颖、最健康、最有效的健身方式。人们通过水中瑜伽的练习来治疗疾病、放松身心、流动伸展、营养补给、低冲撞及接触等训练。水中瑜伽课程能够安全有效地帮助练习者提高柔韧性，调整他们的身体姿态和身体状态。总之，水中瑜伽不但可以增加练习者对瑜伽的兴趣，而且也能够使练习者获得非常实用的效果。

水中瑜伽最早源于欧美，一般是在 1～1.4 米深的水池中进行，与陆上瑜伽一样，它也包含冥想、呼吸和肢体伸展等环节。即使你不会游泳，同样可以在水中练习瑜伽，因为自始至终，鼻子都会露在水面之上。在动作上，水中瑜伽保留了陆上瑜伽的精华，如鹰式站立、吸气、呼气、交叉抱肘、左脚绕过右大腿勾住右小腿肚保持 30 秒等。借助于水的浮力，身体的柔韧性能更好地体现出来，许多陆地上不能完成的动作会变得轻而易举。

不过，水中练习还是有一定难度的，因为水的浮力，人们很难在水中把握好自身的平衡。因此，我们刚开始接触水中瑜伽时最先要做到的就是尽量亲近水，熟悉水性才能够更好地伸展身体、保持平衡。水中瑜伽不是一个人的运动，讲究学员间的互动，通常一个训练班会将人数控制在 10 人左右。相应地，水中的基本动作也多是以协作性质为主的。要么大家围成一个大圈，要么两三个人一组，手拉着手，共同感受水中瑜伽的乐趣。

（一）水中瑜伽的练习功效

（1）能够消除疲劳：通过水压来按摩肌肉、挤压内脏、揉搓皮肤，达到消除疲惫、舒活筋骨的效果。

（2）能够增强心肺功能：可加强肌力、肌耐力和心肺功能的训练；在水中的活动比在陆地上需加倍的热量，不但能消耗多余的脂肪，收缩肌肉健美身材，更能加强心肺功能，增加氧气、二氧化碳、血液的运输。

（3）能够提高注意力：因为水的浮力与阻力，人在水中很难掌控平衡，因此训练者必须集中注意力。又因为人们要通过浮力做动作，因此也要学会放松。因此对于初学者而言，一开始最困难的点是“放松”。

（4）能够起到按摩、护肤的作用：由于水中运动相对出汗较少，减少了陆上训练后汗水中的盐分对皮肤的刺激；同时水波不断地拍打皮肤，能够起到很好的按摩皮肤的作用。

（5）减肥与塑形的作用：水中阻力较大，每做一个动作都要与阻力对抗，因此消耗的热量也更多。同时。在水中运动后，由于体表散热刺激和浮力压力刺激，可反射性地调节体脂分布，使之向皮下转移，促使脂肪合成，形成一层很薄的脂肪层，使形体线条变得柔韧和谐。

（二）水中瑜伽练习注意事项

（1）锻炼前要检查身体，注意过去患的疾病及运动损伤、药物服用的情况。

（2）在下水之前了解水的深浅，避免安全隐患。

（3）不要在水中单独锻炼，包括会游泳的人。

（4）孕妇、发烧或体温过低者及有运动损伤，如崴脚、拉伤者，不宜参加水中瑜伽的锻炼。运动前后需要做 5 分钟的准备活动，让肌肉先预热一下，然后再下水。

（5）虽说在水中运动能避免运动伤害，但是也千万不能大意或勉强，要注意呼吸的频率，当呼吸频率不平稳时，可以以尸体放松式休息。勉强进入另一个姿势，不但达不到效果，反而会产生反效果的情形。运动时间勿太长，感到疲倦时要休息片刻。

（6）水中瑜伽要循序渐进，由初级慢慢过渡到中级，心跳速度不应超过每分钟 110 ~ 130 次，并以休息和运动交替进行为宜。

（7）患有心脏病、糖尿病、高血压的人，须在医生的建议下方可进行锻炼。

（8）运动中如身体不适，应立即到陆地上休息。

（9）训练前2个小时不要进食。

（三）水中瑜伽动作示例

哈他瑜伽体式在水中健身中的运用。

1. 初级哈他瑜伽体式

（1）摩天式。（图1－21）

动作：基本站姿，双腿双脚并拢，收腹收臀，挺直腰背，双肩打开，双臂放于体侧，目视正前方。吸气，双臂高举过头顶，双臂夹紧双耳，双手合十，感觉双手向上无限延伸，眼睛平视前方。再次吸气，脚后跟离地，脚尖点地，腰背挺直，保持自然呼吸。呼气，脚后跟着地，还原手臂于体侧。

功效：加强小腿肌肉，挺拔上身，塑造良好体态。伸展脊柱，促进脊骨的正常发育。按摩腹部器官，活跃消化排泄系统，有助于缓解便秘。

图1－21　摩天式

（2）平衡式。（图1－22）

动作：站立，屈右膝，右手中指、食指、大拇指握住右脚大脚趾，同时将左手侧平举，保持身体的平衡。吸气，向前伸直右腿。呼气，再将右腿向右侧方打开，双臂在一条直线上。还原，先还原右腿，再还原手臂。（反方向练习）

功效：改善身体平衡，有助于集中注意力，燃烧全身的脂肪，强壮腿部的力量。

图 1－22　平衡式

（3）直角式。（图 1－23）

动作：站立，双脚并拢。吸气，双臂从体侧高举过头顶，双手于头顶合十，拇指相扣。呼气，手臂引领身体以髋关节为折点向前向下折叠，使身体呈直角，与地面平行，眼睛注视地面。保持 3～5 个呼吸。吸气起身，呼气，从体侧还原双臂。

功效：可消除腰围线上的脂肪，修长双臂，美化臀形，缓解肩部酸痛。

图 1－23　直角式

（4）树式。（图 1－24）

动作：站立，双脚并拢，屈右膝，将右脚掌放在左大腿内侧，右膝向外打开，使髋部保持平行，双手胸前合十，拇指相扣。吸气，双臂高举过头顶，大臂在耳后夹紧，手臂向上方无限延伸。呼气，屈肘还原，腿部放松。（反方向练习）

功效：补养和增强腿部、背部和胸部的肌肉，改善、强化身体平衡，矫正脊柱弯曲，消除腰痛，对久坐形成的不良体态有很好的纠正作用。

图 1 –24　树式

（5）吹树式。（图 1 –25）

动作：站立，双脚并拢，双手胸前合十，食指指向天花板，其余手指相扣。吸气，手臂伸直高举过头顶，大臂在耳后夹紧；肩膀下沉，收紧大腿、臀部和腰腹部的肌肉。呼气，向右侧弯腰，保持双肩平行，眼睛向上看。吸气回正，呼气向左侧弯腰。吸气身体回正，呼气手臂经体侧还原放松。

功效：可消除腰围线上过多的脂肪，增强腰部、髋部和肩膀的灵活性；使脊柱得到侧向的伸展；促进消化和排泄；促进淋巴液的流动，帮助排毒并增加免疫力。

图 1 –25　吹树式

（6）幻椅式。（图 1 –26）

动作：基本站姿，双腿双脚并拢，双臂放于体侧。吸气，双臂从体侧高举过头顶，双手合十，拇指相扣，双臂夹紧双耳向上伸展。呼气，屈膝下蹲，大腿尽量与地面保持平行，注意膝盖不要超过脚尖，提胸沉肩，腰背挺直，臀部放松，脚后跟尽量不要离开地面，眼睛平视前方。保持 3 ~5 个呼吸。吸气，伸直双腿，呼气，手臂经体侧还原放松。

功效：增强双脚脚踝、双腿、脊柱、背部肌肉群；矫正不良姿态，防止驼背；增进体态平衡，扩展胸部，强壮腹部器官。

图1－26　幻椅式

（7）三角伸展式。（图1－27）

动作：基本站姿，双脚左右大大分开，大约两个肩宽，以右脚脚后跟为轴外旋90度，以左脚脚后跟为轴内旋45度。吸气，手臂侧平举。呼气，双臂带动身体慢慢向右侧弯腰到极限，右手放在右小腿胫骨上，眼睛看向左手指尖，整个身体要保持在同一个平面上。吸气，左手臂引领身体回正，使双臂保持平行。呼气，还原放松。（反方向练习）

功效：增强腿部肌肉，去除腿部和臀部僵硬，纠正腿部畸形，使腿部能均匀地发展，同时还能缓解背部疼痛及颈部扭伤。增强脚踝，强健胸部。刺激神经系统，缓解沮丧的情绪。改善体态，美化腰部线条。

图1－27　三角伸展式

2. 中级哈他瑜伽体式

（1）战士一式。（图1－28）

动作：基本站姿，双脚左右大大分开，大约两个肩宽。以右脚脚后跟为轴外旋

90 度，以左脚脚后跟为轴内旋 30 度，左脚尖朝向前，目视右手指尖。吸气，手臂侧平举；呼气，屈右膝，深蹲弓步，右小腿与地面垂直，右大腿与地面平行，右膝关节不要超过脚尖。吸气，双臂高举过头顶，双手合十，拇指相扣。呼气，向右侧转体，目视前方。吸气，身体转正；呼气，双臂从体侧还原，双脚内外八字收回。（反方向练习）

功效：减少腹部、腰两侧多余脂肪。扩张胸部，伸展颈部，可以缓解颈部、肩部和背部的僵硬。增强平衡感及集中注意力。缓解坐骨神经痛及痛经，减轻月经量过大的症状，注意经期避免练习。

图 1－28　战士一式

（2）战士二式。（图 1－29）

动作：基本站姿，10 个脚趾张开抓地，足弓上提，双脚踩实地面；小腿肌肉外旋，大腿肌肉内旋，臀部夹紧，收紧腰腹；肩关节下沉，双手臂放于体侧。

双脚左右大大分开，大约两个肩宽，以右脚脚后跟为轴外旋 90 度，以左脚脚后跟为轴内旋 30 度，左脚尖朝向前，眼睛看向右手指尖。吸气，手臂侧平举；呼气，屈右膝，右小腿与地面垂直，右大腿与地面平行，右膝关节不要超过脚尖。吸气，手臂引领身体放松还原，蹬直右腿；呼气，双脚内外八字收回。（反方向练习）

功效：补养和增强双踝、双膝、双髋及双肩的肌肉。放松颈部和腰部。对腹部有益，减少髋部周围的脂肪。增强平衡感和集中注意力。

图 1－29　战士二式

（3）战士三式。（图 1－30）

动作：吸气，手臂侧平举；呼气，屈右膝，深蹲弓步，吸气，双臂高举过头顶，双手合十，拇指相扣。呼气，向右侧转体，眼睛目视前方。再次呼气，上体向前倾，同时伸直右腿，左腿顺势离开地面，左脚脚背回勾，上体、左腿与地面保持平行，右腿垂直于地面，注意髋关节不要外翻，目视双手指尖的方向。吸气，还原直立站姿。（反方向练习）

功效：集中注意力，提高平衡感，促进体态平衡。强壮双腿，提高腿部力量。按摩腹部器官。

图 1－30　战士三式

（4）舞者式。（图 1－31）

动作：基本站姿，双脚并拢，向后抬起右腿，右手抓右脚脚踝。吸气，左臂向前向上伸直，同时抬高右腿，保持左腿挺直，尽量使两腿夹角大于 90 度，眼睛看向左手指尖的方向。不要翻髋，髋关节摆正。保持 3～5 个呼吸。呼气，放松右腿，还原手臂。（反方向练习）

功效：扩张胸部，增加肺活量。活动肩胛骨，加强腿部肌肉的力量。伸展脊椎，柔软腰部、肩部、腿部。锻炼身体的平衡能力，发展均衡和优雅的体态。

图 1－31　舞者式

（5）乾坤扭转。（图 1－32）

动作：基本站姿，双脚左右大大分开，脚尖朝向外。吸气，双臂高举过头顶，双手交叉握拳。以髋部为折点向前弯腰，双臂、上半身与地面保持平行，双臂尽力向前伸展。呼气，双手向右侧转动，用腰部力量带动躯干转动，直至极限。吸气，身体回到正中位置。呼气，身体向左侧转动，直至极限。吸气，双臂带动身体转回到正中位置。呼气，起身，双腿收拢，双臂自然垂于体侧。

功效：减少双臂、腰部脂肪。刺激腹腔，按摩脾脏和肝脏，帮助消化。减轻头痛、背痛和脊椎僵硬。辅助治疗肠胃病、粉刺、哮喘病等。

图 1－32　乾坤扭转

（6）鸟王式。（图 1－33）

动作：基本站立，左臂上，右臂下，双臂环绕，双手掌心相对。弯曲双腿，右小腿跨过左膝，右脚脚背勾住左小腿腿肚。吸气，挺直腰背，延展脊柱向上。呼气，屈右膝，上体向前，腹部贴大腿，指尖向前。注意膝盖不要超过脚尖，保持 3～5 个呼吸。吸气，上体回正，呼气，还原双臂及双腿。

功效：提高肩部的灵活性，消除肩部僵硬，消除手臂赘肉。按摩腹部器官，消除腹部脂肪，缓解便秘。补养两脚踝、两膝和小腿肌肉，预防小腿抽筋。锻炼平衡感和协调感，提高注意力。

图 1－33　鸟王式

四、水中搏击

有氧搏击是将拳击、空手道、跆拳道、功夫和一些舞蹈动作混合在一起，在激烈的音乐中，进行一些拳击和跆拳道的基本拳法和腿法练习。在出拳、踢腿的过程中，随着音乐挥动双拳，动作刚劲有力，可以尽情地发泄，尽情地流汗。随着人们对有氧搏击认识的不断提高，也为了避免一些陆上锻炼出现的损伤，慢慢地将有氧搏击引入水中。

（一）水中搏击的练习功效

对当代人来说，有氧搏击是一种好玩而不伤害别人的发泄方法，因为练习的人不是跟别人搏击，也无须任何器材，而是利用身体动作向空中挥舞。搏击动作瞬间的爆发力，以及感官上的刺激，再配以强劲的音乐节奏，使得它被称作“男人的舞蹈”。但随着大家对它的了解，现在更多的女性参与其中，享受运动带来的快乐。

（二）水中搏击练习注意事项

（1）陆上要有足够的热身时间，否则身体得不到足够的伸展。

（2）水深保持在胸部以下，在做动作时四肢应尽量浸于水中。

（3）腹部和下颌都要收紧，两手握拳在脸的前方呈防御姿势并保持呼吸，不要屏气。

（4）在训练中要交替进行大运动量和中低运动量的练习，避免和专业运动员一样进行长时间的训练。

（5）因为水有浮力，在做踢腿动作时，身体重心由于单腿支撑会在水中漂浮不定，因此踢腿时要注意出腿力度，先轻再强，循序渐进。

（6）身体和膝关节保持弯曲，不要僵直，以减轻缓冲。

（7）出拳要由肩部带动，开始时可以站在水中，手臂在水上进行练习，随着水性的提高，可在水中完成击拳动作。

（8）由于水有阻力，应避免肘、膝部用力过猛；避免进行闪躲或猛击动作时动作过快而脱臼，避免扭转动作。

（9）训练中，身体局部出现痛状不适、眩晕、心率过快等问题，可停止练习。

（三）水中搏击基本动作

（1）热身运动。两脚开立，深呼吸，原地踏步、侧点步、交叉步等，全身伸展。

（2）准备姿势。两脚前后站立，重心在前脚，后脚脚后跟抬起，达到最大缓冲。下颌收紧，在完成动作时，眼睛始终盯着目标。腹部收紧，增加肌肉的协调性，保持呼吸，不屏气。在不出拳时，两手握拳置于脸的前方，保持防御姿势。

（3）直拳。（图1－34）

站立姿势：面向目标，下颌收紧。

动作：臂和肩部呈一直线，控制肘关节周围肌肉群的收缩，不使关节过分强直。

发力顺序：腿—腰—肩—拳。

目标：颚、肋、鼻。

（4）摆拳。（图1－35）

站立姿势：面向目标，下颌收紧。

动作：出拳时臂和肩呈一弧形。

发力顺序：腿—腰—肩—拳。

目标：颚、肋、鼻。

（5）勾拳。（图1－36）

站立姿势：左腿在前，重心靠前。

动作：前臂保持夹角，拳由下向上击打，手臂通过身体的前方并尽可能地延长拳的路线，直至斜上方。左手保持防御姿势。

发力顺序：腿—腰—肩—拳。

目标：颚、肋、鼻。

图1－34　直拳

图1－35　摆拳

图1－36　勾拳

（6）顶膝。（图 1 – 37）

站立姿势：两脚开立，保持防御姿势。

动作：支撑腿屈膝，身体稍向侧后仰，动力腿用力向前上方提膝，同时用力收腹。

发力顺序：腰—腿。

目标：腰、下肢。

图 1 – 37　顶膝

（7）前踢。（图 1 – 38）

站立姿势：脚与肩同宽，重心在后脚，目视目标。

动作：抬膝，上身微后仰，脚掌踢向目标，回开始位。

发力顺序：腰—腿。

目标：头部、躯干。

图 1 – 38　前踢

（8）侧踢—左踢（反方向为右踢）。（图 1 – 39）

站立姿势：两脚开立，与肩同宽，重心在右腿，目视左侧目标。

动作：抬起左膝，向身体靠，上身微向右倾斜，右脚脚尖转离目标，右臂放低，保持平衡，用脚侧缘攻击，脚尖朝下，踢出左腿，回到侧面。

发力顺序：腰—腿。

目标：胫部（正对时）、膝盖骨侧面（正对时），大腿骨侧面（正对时）、腰部以上可以给提高班的学员做目标。

图1－39　侧踢

（9）摆踢。

站立姿势：右侧为目标，两脚开立，与肩同宽，重心在右腿，屈前腿，目视右侧目标。

动作：抬起左膝，向身体靠扫向目标，重心在前腿。动作完成时，放松膝关节，身体向右微倾。右脚脚趾转离目标，左膝弯曲，指向目标。右臂放低，保持平衡。用脚侧缘攻击，脚尖朝下。左脚放下时，两脚距离比肩宽。最终站位时左侧为目标（与开始时相反）。

发力顺序：腰—腿。

目标：膝盖骨侧面、大腿骨侧面、腹部两侧，腰部以上可以给提高班的学员做目标。

五、水中康复

水中康复是体育康复学学科中的一个组成部分，是充分利用水的自然特性与水中运动的生理生化基础知识对练习对象进行治疗、训练，以达到练习者缩短康复治疗期，尽早恢复生活、劳动能力的一种锻炼方法。

康复医学是使老、病、伤、残者在身体功能上、精神状态上和职业能力上进行康复的学科。它的目标是帮助老、病、伤、残者在其身体条件许可的范围内消除或减轻功能残缺，最大限度地恢复其生活、劳动和学习能力。因此，康复医学是研究老、病、伤、残所致各种障阻的原因、后果与恢复的可能性，研究恢复最大限度功能的方法和手段的医学科学。

体育康复学是研究和运用体育学、康复医学的理论、方法与手段来预防和治疗伤病的一门应用性交叉学科。它既属于体育科学，也是医学科学的一个方面。它不仅是体育科学和医学科学的重要组成部分，还是一个相对独立的体系，并在运动医学、临床医学、老年病学等学科中占有重要的地位。体育康复学主要研究与康复有关的体育和训练的方法、手段、措施、组织、指导和监督等一系列问题，其研究对象主要是需要实行康复和保健性体育的老、病、伤、残者。现代康复治疗实践证明，使用体育康复手段治疗患者，有其特殊的、独到的疗效，体育康复与医学康复的综合治疗能获得更佳的效果。

体育康复和体育运动的不同之处：体育运动主要是健康人为了健身和提高运动技能而进行的锻炼和有相应强度的训练；体育康复是必须根据疾病的特点和残障、衰老者的功能情况，选用合适的体育方法和手段，制定专门的运动量来治疗疾病和创伤。各类疾病经急性阶段后进入康复期，体育康复就是缩短康复治疗期，及早恢复生活、劳动能力等行之有效的方法。

人们通过长期的实践，不断总结成功的经验和失败的教训，通过科学地探索与认识客观规律，把实践获得的经验与科研的成果归纳为理性认识，以文字的形式加以表述，从而提出了用以指导体育康复的一些科学原则。

水中康复是体育康复学学科的一个组成部分，因此在练习中必须遵循体育康复的基本与特殊原则。体育康复的基本原则是指在现代体育康复中应当遵循的、有普遍社会意义的基本要求和根据，是对体育康复提出的较普遍、较客观的要求，而不具有个别、具体的特性。

六、水中减肥

一般情况下，大多数中年人都会出现“发福”现象，其实在中小学生中肥胖问题也越来越严重。天津市卫生防病中心（今天津市疾病预防控制中心）对学校学生营养状况的监测结果表明，1997 年中小学生的肥胖率已由 1995 年的 3.85% 升至 6.33%，1998 年对天津市某区小学调查的结果，肥胖率已达到 18.1%。专家分析了肥胖率增高的原因，主要是缺乏营养知识，膳食结构不合理，加上不重视体育锻炼和课业负荷过重。

“发福”是因为步入中年后，人体新陈代谢已不能与青少年时代相比，代谢速度逐渐降低，如果食欲不减，则每天都会有剩余热量储存在身体中，长此以往，就会发胖。造成肥胖的原因主要是长期大量摄入高脂肪和高胆固醇食物及缺乏体育锻炼。

根据现代对人身高、体重的研究，正常人标准体重的计算公式为：

体重（千克）= 身高（厘米）－100（身高在166厘米以下）

－105（身高在166～175厘米）

－110（身高在176～185厘米）

实际体重与按此公式计算得出的理论体重相比，其偏离理论值在±10%范围内时，都属正常。如超过10%者，称为过重；超过20%者，即为肥胖。另外，还可以通过皮下脂肪厚度来判定自己是否过胖，上臂皮褶厚度加上肩胛骨下皮褶的厚度，总计值对照人体脂肪率，以判断自己是否过胖。

肥胖会引起许多疾病，加速衰老，这在中医学里早有认识。《素问·通评虚实论》中：“凡治消瘅仆击，偏枯痿厥，气满发逆，甘肥贵人，则高粱之疾也。”认定肥胖是一种疾病，即“高粱之疾也”。所谓消瘅，似指消渴病；仆击，指中风；偏枯，指半身不遂；痿厥，指瘦弱无力或四肢厥冷；气满发逆，似指心痹一类的疾病引起的症状，古人已认识到肥胖易并发这类疾病。据统计，肥胖者患冠心病概率比瘦者要高5倍，患高血压概率约高3倍，患糖尿病概率约高2倍，而且肥胖与早衰、死亡率几乎是成正比的。

由于肥胖会引发多种疾病，长期吃高脂肪、高胆固醇食物会产生肥胖，导致脂肪在肝内堆积，这些脂肪包括甘油三酯、磷脂、糖脂及胆固醇酯等。甘油三酯是导致脂肪肝的“元凶”，当肝细胞内大量堆积脂肪时，还有可能造成肝硬化。除此之外，肥胖还会导致糖尿病、动脉硬化和心脏病。

肥胖不但会影响人的形体美，也会使自己感到笨重不便。过度肥胖者，还会因体重太大、肌肉无力导致腰腿负重过大，产生疼痛。

肥胖者进行体育锻炼，是减肥最有效的方法之一，陆上体育锻炼一般都要承担自己的体重。多余的脂肪像一个沉重的大包袱，妨碍肢体运动，影响锻炼效果。运动时，还容易产生各种运动损伤，如肌肉拉伤、关节损伤等，水中减肥练习可以最大限度地避免以上运动损伤的发生。

七、水中娱乐

水中娱乐就是根据场地的不同，通过单人和多人的活动（可以是会游泳者，也可以是不会游泳者），将一些陆地的娱乐活动安排在水中进行，选择一些在水中走、跑、跳和游泳相结合的活动。水中娱乐活动的开展具有多样性、趣味性和竞争性。水中娱乐活动不受参加者年龄、性别、身体条件、文化程度、工作职业因素的影响，便于开展，而且水中活动有着明确的目的性，能增强体质、提高活动能力、焕发精神。通过水中娱乐活动可以培养参与者的竞争意识，还可以培养其思维能力、创造能力、应变能力和进取精神。另外，通过活动还可以加强人与人之间的交流，克服工作压力，起到愉悦身心、锻炼身体的作用。

为了科学合理地开展水中娱乐活动，使之能够顺利地进行，必须对水中娱乐活动做好充分的准备和组织工作。

（一）水中娱乐活动的特点

1. 趣味性

选择的游戏应具有趣味性，可以使参加者产生积极向上的状态，得到心理满足。游戏的名称、动作的选择、规则与奖励方法的制定都应不断改进与创新。

2. 教育性

水中游戏应具有一定的教育意义，优秀的游戏可将德育教育、智育教育、体育教育三者完美地融为一体，使游戏的参加者全身心投入水中游戏。

3. 群众性

水中游戏既有个人内容也有集体进行的内容。不论年龄、职业、性别都能参加，具有广泛的群众性。

4. 竞争性

游戏过程中，在规则的要求下，游戏者可充分发挥智能、体能战胜对方，优胜者体会到胜利的不易与成功的喜悦，同时失败者产生再次挑战的激情，培养“胜不骄，败不馁”的精神。

5. 科学性

创编的水中游戏应符合人体的生理规律与健康的要求，要符合各年龄段人群的心理特点、生理特点、职业特点、身体状况等，应合理创编动作与游戏的情节。

6. 实用性

适于全面增强身体素质与提高游戏者积极向上的心理素质，有利于培养终身体育意识，有利于防病、治病及调节紧张的学习与工作节奏。

7. 安全性

场地器材设置合理，游戏队形组织与运动量安排合理，动作难易程度设计因人而异，使参加者在安全的条件下进行游戏活动。

（二）水中娱乐活动内容的选择原则

1. 符合全面发展的教育方针

选择娱乐内容应能通过活动培养人们爱祖国、爱人民、爱劳动、爱科学、爱护公共财物等优良品质，培养机智、勇敢、果断、友爱、活泼、愉快、勇于克服困难的精神。

2. 有益于促进人体的全面发育

选择的活动内容一定要能促进人体的全面发育。通过游戏活动掌握水中各种必要的活动技能，并能使初步掌握的技能得到巩固和提高，同时促进身体各部分正常协调的发展，增强体质。在活动中，注意纠正各种不良姿势与不正确的动作，以保证身体健康发展。

3. 活动场地应尽量符合卫生要求

选择的水中活动场地应符合卫生要求。室外场地进行的水中游戏应在阳光充足、空气新鲜的环境中进行，室内场地也应保证适当的空气流通和采光要求，同时活动场地、设施、器材等都应尽量符合卫生要求。

4. 应与活动者心理特征和生理特征相适应

选择活动内容必须符合年龄特征，与不同年龄参加者的心理特征和生理特征相适应。

5. 根据参加者的不同条件、需要，适当调整、掌握运动量

选择活动应控制好运动量，使其恰到好处。根据参加者的不同条件、需要，适当安排活动的间隔、次数。有意识、有针对性地调整掌握运动量有益于健康。

上述几项原则是相互联系、相互制约的统一体，在游戏的实际活动中，应根据情况全面考虑与灵活运用。

（三）水中娱乐的准备工作

充分做好场地、器材的准备工作，这是保证完成水中娱乐活动任务、达到预期效果的先决条件。水中娱乐活动内容的设计，首先要考虑安全的因素，要结合活动的内容来确定在浅水区还是深水区（一般以在浅水区进行为多），了解游泳池池底是否平整防滑，使用器材有无锐利处，并注意在游戏场地的一定范围内不能有危险物件和因素，以防发生伤害事故。为确保水中娱乐活动能安全进行，事先最好由组织者亲自试做 1 ~2 次，以便发现问题，及时解决。

（四）组织与进行

进行水中娱乐活动，不仅要选择好的活动内容，还要有一套科学的组织方法，才能取得良好的效果。

1. 讲　解

活动内容的讲解。组织水中游戏活动之前，必须讲清活动的要求、方法与规则，明确练习的活动区域。讲解时，组织者要站在适当的位置，让全体参加者都听得清楚，并能看到示范动作。

活动前要讲解的内容有游戏或活动名称、目的、意义、方法（过程）、规则与要求，以及活动的结果，其中应特别讲清楚游戏的方法、规则和要求。讲解时应结合示范，这样会取得更好的效果。

2. 分组和分队

活动的组织方法取决于内容和性质，有的需要引导人，引导人应该根据游戏的不同内容和要求来确定，通常由组织者指定，或按引导人的条件与要求由大家推荐，也可用抽签或其他方法选出引导人。除了部分集体活动之外，有的需要分组、分队进行，分组和分队的方法也要与活动的内容结合，一般采用报数分队的方法，也可先推选两名队长，然后由队长轮流选择自己的队员，直至全部选完，两队人数应均等。

3. 组织者的主导作用

水中娱乐活动始终应该在组织者的直接指挥下进行，组织者要发挥主导作用，同时也要调动活动者的积极性。观察活动的进展情况，及时补充说明活动的方法和规则，使活动正确、顺利地进行。对违反规则和要求、不守纪律和有危险行为者，要及时制止。活动过程中如需要裁判员，应该由组织者来担任，以保证活动练习在公正、公平的情况下顺利进行。

第三节 水中健身的特点及作用

一、水中健身的特点

（一）水环境的特点

水中健身教学在水中进行，水有浮力、压力和阻力，这些与人类生活的陆上环境有很大的不同，就是这些不同给水中健身教学带来了困难。

（1）浮力。人在齐腰、齐胸深的水中会站立不稳，由于人体结构比例不同，有的人不容易浮起来，漂浮需要专门的技术，因此，很容易产生怕水心理。

（2）压力。水有压力，当水位高于胸部时就会使人呼吸困难。

（3）阻力。在水中做动作就是利用阻力和对抗阻力的过程，许多初学者不了解水的特性，动作也十分不合理，加大了阻力，也增加了做动作的难度。

（4）黏滞性。液体都具有黏滞性，它产生于分子之间相互吸引的作用。当水受到的外力达到一定程度时，水层的压力就会发生变化，水分子之间的连接就会被冲散，水分子之间就会产生摩擦，导致各层间的阻滞，这就是人在水中运动时受到阻力的根源。根据这个特点，人在水中运动时，肢体克服的阻力比陆地上大，动作速度也比较慢。

（二）身体运动特点

1. 水中健身活动中，身体受到的震动和冲撞比陆地上的运动要少

在陆地上做运动有着简单方便的特点，没有对水中健身这样的场地需求。随着年龄的增长，人在陆地上进行身体锻炼时却开始有了伤痛的副作用，但是水中运动却可以避免不必要的伤害。水的浮力使练习者既能够保证较高的运动强度，又可以防止震动冲撞导致的运动伤害。如果因为膝关节疼痛而不能跑步，或者因为肘关节疼痛而不能去打网球，或者觉得疲劳不堪，难以完成平时在陆地上进行的运动时，我们就可以改在水中进行练习。如果非常疲劳，只需在水中进行一些牵拉、踢腿、

伸展等恢复性练习，就可以很快地缓解疲劳、放松身心。

许多国际级别的竞技选手在因伤不能参加正常训练时就选择水中活动以促进恢复，并保持体能。事实上，更聪明的办法是不等到受伤时才下水，而是在平时就定期进行水中活动以预防伤病。目前一些优秀的长跑运动员将有些训练课的内容搬到了水里，进行深水跑步。短跑运动员也常常在水中进行短跑训练。现在一些职业橄榄球、足球、网球、篮球选手也开始尝试在水中进行专项训练。他们利用水的特性、克服水的阻力来达到提高体能、改善技术的目的，同时还能有效地避免损伤。

根据浮力与动作方向的关系，我们可以把动作分为三种类型，即浮力协助型、浮力支持型和浮力对抗型。浮力协助型指那些与浮力方向相同，因而可借助浮力完成的动作，如当手臂和腿向水面方向上抬起时，可得到浮力的协助，因而较容易完成；浮力支持型指那些动作方向与浮力垂直，可得到浮力支持的动作，例如手臂水平向外划动的动作；浮力对抗型指那些与浮力方向相反的动作，在这类动作进行的过程中，浮力成了阻力，需要人体克服阻力才能完成，例如手臂和腿上抬后回落的动作。

2. 浮力可以减轻承重部位和关节的负荷

当人站在齐肩深的水中进行运动时，人们将体验到约90%的失重感觉。也就是说，如果你的体重为100千克，由于浮力的作用，在水中的体重大约只有10千克。这样，可以显著减轻那些承重关节的负荷。因此，对多数人来说，水中健身是最为安全的健身方式。

3. 水的浮力和阻力作用使肌肉的发展更为均衡

人体的肌肉一般都是成对的，即屈肌和伸肌。人体的屈肌通常比伸肌强壮，伸肌往往做退让性工作，在重力的作用下收缩。肌肉发展的不平衡，容易导致运动损伤。在水中运动时，由于水的浮力和阻力，退让性工作也需要克服水的阻力和浮力。例如，站在水中向前上方踢腿时，髂腰肌收缩，收腿回到站立姿势时，需要臀大肌、腘绳肌收缩克服水的浮力和阻力，而在陆地上练习时，伸肌就得不到有效的锻炼。上肢的锻炼也一样，在陆地上肩和肘关节的屈曲练习主要锻炼的是肱二头肌，肱三头肌做的是退让性工作，但在水中，肱三头肌还需要克服水的阻力，因此可以有效地改善肌肉发展的不均衡性。

另外，许多人平时比较注意身体前部肌肉的锻炼，如肱二头肌、胸大肌、股四头肌等，人们可以面对镜子里发达的胸大肌、粗壮的肱二头肌和股四头肌而沾沾自喜。然而在实际生活中，身体后部的肌肉起到克服重力、保持正直的身体姿态的作用。事实上，许多需要进行治疗的病痛正是不良身体姿态对身体造成的压力导致的。因此，应该重视那些能够“克服重力”的肌肉，如斜方肌、菱形肌、臀大肌、腘绳肌、竖脊肌等的练习。水中健身活动比较注重这些肌肉的锻炼，可以帮助练习者形成和保持正直的体态。

4. 上肢参与锻炼的程度比在陆地上高

与陆地上的运动相似，水中上肢的运动有多种功能，如保持身体的平衡，增加练习的多变性和趣味性，提高全身运动的协调性，并增大练习强度，但在水中上肢运动的功能不仅如此，还可以帮助身体在水中移动。例如，当站立在水中时，如果手臂向后划水，身体就会被向前推动。手臂向左划水，身体就会向右滑动。手臂向下推水，身体则会上升。水中健身活动一般是站立在水中进行的，身体前后移动时阻力很大，如果不借助手臂划水动作的协助，向前后跑动或跳跃的动作就不容易完成，或者即使能够完成，身体平衡也不容易掌握。特别是在转变方向时，由于水形成漩涡，使动作难度加大，而适当的手臂动作可以协助身体转变方向，此外，在水中，如果身体保持直立姿势，一般启动动作比较费力，手臂的动作可以协助身体启动某个动作。

人体由于长期站立行走，下肢肌肉比较发达。而且随着人们生活水平的不断提高，一些原本需要上肢力量的工作或劳动，如搬运重物等，现在已经基本不再需要人们亲自完成，使得上肢和躯干肌肉被动员和锻炼的机会减少，很容易造成上下肢肌肉力量和体积失衡，女性的表现更为突出，常见一些下肢发展较正常，而肩带和上肢纤细瘦弱的“梨形”体形。在水中手臂通过各个方向上的各种动作，如推、拉、鞭打、旋转、下压等，可以有效地动员前臂、上臂、肩带、胸部和背部的肌肉参与运动，提高这些部位肌肉的力量和耐力。

因此，我们在编排动作的时候，应尽量注意安排手臂浸于水下进行练习，此外，还可以通过改变手臂的角度和方向来增减阻力，调节练习的次数和难度。

5. 动作速度比陆地上舒缓

由于水的阻力的作用，我们在水中进行活动的动作速度比在陆地上要慢一些，为了避免身体失去平衡，要尽量使动作达到适宜的幅度。如果某个动作用力不当，身体的平衡就难以保持。我们在陆地上很容易就能完成的动作，在水中就需要加倍小心调整好速度才能够做到。不能按照陆地上的习惯进行，一方面容易使动作幅度变小，动作不到位，影响练习效果；另一方面也容易因失去平衡而造成滑倒、呛水等意外危险，对于不会游泳的练习者还存在溺水的潜在危险。

6. 水中健身活动以肌肉的动力性工作方式为主

在进行水中健身活动时，肌肉多采用的是动力性工作方式来克服水的阻力，但由于水的流动性，肢体在动作过程中遇到的阻力会随着水的流动及肢体对水的角度而改变。因此，在水中健身活动中，肌肉收缩既有长度的改变，也有张力的增减，与陆地上的等张收缩不同。所以，进行水中健身练习既可以增大力量，又能够使肌肉修长、圆润且富有弹性，而肌肉的增粗并不明显。

7. 局部固定支撑的活动方式

水中健身与游泳不完全相同，游泳时身体平卧于水面，身体各部分都得不到固定支撑。水中健身活动的内容和形式十分广泛，多数动作可得到局部固定支撑，但在水环境中有失重的感觉，在水中保持平衡的难度比在陆地上大，对肌肉本体感觉和平衡要求较高。

8. 提高柔韧性的效果比陆地上明显

为加大运动幅度，防止运动损伤，做好柔韧伸展练习有着非常重要的作用，但柔韧牵拉伸展的过程中总是伴随着疼痛感，让人感觉十分不适。而在水中由于浮力的作用，肌肉的支撑作用减轻，肌肉便可更加放松。肌肉的放松促使呼吸更加轻松、有节奏，这些都有助于提高肌肉牵拉伸展的效果。

9. 平衡性和协调性要求更高

在水中练习时，练习者必须用腹、背部和臂、腿的肌肉协同用力来保持身体姿势和平衡。改善的平衡能力反过来又能够促进其他运动，提高日常生活中的活动能力。

刚进入水中时，许多练习者对侧肢体的活动会有些紊乱，但水中练习过程需要克服阻力来完成对侧肢体的协调活动，因此，可以强化交叉爬行活动模式，从而改善协调能力。此外，水中练习活动的方式自然、节奏感强，而且有阻力感。在这样的条件下，即使练习者的动作有微小的不协调和不平衡，也能够轻易地察觉出来。随着水中的动作越来越柔顺，越来越平衡，在陆地上的活动也会越来越优雅，不协调的动作会越来越少。

（三）心理特点

1. 学习过程

学习和练习水中健身活动的过程，是通过感知觉、表象、模仿、记忆等一系列过程而实现的。在学习和练习过程中，视觉帮助练习者感知并矫正动作的做法、方向等因素；触觉帮助练习者感知身体表面与水流之间的相互关系、水温等因素；平衡觉帮助练习者感知自己身体位置的变化情况，从而保持平衡。此外，一些复杂知觉如空间知觉、时间知觉、运动知觉等帮助练习者感知空间、时间和运动方面的因素。经常进行水中健身活动，不仅能够促进健康、增强体质，对人的心理方面也有良好的影响，最直接的结果就是皮肤和运动系统的感知觉水平提高、平衡觉改善、注意范围增大、稳定性增强、运动记忆水平提高。

2. 动机的激发

动机是推动一个人进行某种活动的心理动因和内部动力。根据不同的分类标准可以对动机进行不同的分类。例如，根据兴趣的特点可以把动机分为直接动机和间接动机。练习者参加水中健身活动，有的是对活动本身感兴趣，通过练习获得身心的满足和愉悦，受直接动机的激发；有的是对练习的结果感兴趣，是为了强身健体，或为了治疗身体的疾病；也有两者兼而有之。不管是出于什么动机，客观上都能够激发练习者参加活动。通过健身活动能够保持有效的运动能力、保持身体健康，满足了安全的需要。水中健身不只是单人活动，人们在运动过程中相互配合、加强沟通和情感交流、互相帮助，使大家有归属感，满足了爱和归属的需要；通过学习和练习掌握了一定的技能，能够满足尊重的需要；有的通过练习感到自己能够发挥出自己的潜能，从而满足自我实现的需要。

3. 情感体验和情绪调节

陆地上的体育运动虽然有很多好处，但也常常伴随着肢体酸痛、汗流浃背、体温过高和筋疲力尽的感觉。在水中进行健身运动，既可以获得有益的健身效果，又可以避免许多副作用。在水中运动后，人们常常感到神清气爽、精神焕发、精力充沛。与陆上运动相比，水中健身活动更有乐趣、更舒适、更安全，对身心都是一种享受。

此外，一般的体育运动都有一定的竞争性，在水中进行健身活动还可以避免自卑感，因为水中健身的大部分活动在水中进行，不必担心众目睽睽下健身，不必害怕自己的动作做得不到位，也不必焦虑别人会嘲笑，不用担心竞争和失败，尽情享受运动，享受健康和快乐。

调节情绪的途径有很多，在进行水中健身练习过程中，可以充分利用活动调节、音乐调节、呼吸调节、颜色调节、转移调节等途径，调节练习者的情绪，舒缓压力。

一些水中健身活动，如水中韵律操、水中太极拳等可以配合音乐完成。在锻炼身体的同时还能够陶冶情操、抒发情感，提高艺术素养，增强对音乐的理解和把握能力。因为音乐和人的感情息息相通，高昂的乐曲配合快节奏的动作能使人精神焕发、斗志昂扬，一扫消极、空虚的情绪；轻柔、舒缓的乐曲配合舒展、徐缓的动作又能使人的身心放松，享受沉静和优雅。不同的动作和风格，配合适宜的音乐，能够体现出水中活动的节奏感、韵律感和其独特的风格。

4. 审美情趣

进行水中健身活动对人的审美情趣也有一定的提高。许多操类练习来源于舞蹈，其动作具有对称、平衡、稳定、动静相宜的特点，可充分展示艺术的表现力和美感，陶冶情操，培养审美情趣，改善气质。

5. 协作与交流

水中健身活动，特别是水中游戏和操类活动多以集体方式进行，可促进人与人之间的协作和交流，沟通感情，起到真情互动的作用。

6. 创造力和想象力的激发

水中健身活动的形式多种多样，如水中搏击操、水中太极拳、水中大秧歌等，但又不是简单的重复和乏味的组合，内容多变而丰富，可以充分发挥人的创造力和想象力，焕发青春和活力。

二、水中健身对人体健康的作用

有氧健身无论是在水中还是在陆上，其锻炼的原理是一致的，都可促进身体健康，延缓衰老。不同的是水中健身不仅对预防和治疗人类病亡率最高的心血管系统疾病有着其他运动不可取代的作用，而且对哮喘、高血压、关节炎、颈椎病、消化系统疾病等均有预防和治疗的作用。

（一）最佳的塑形运动

水的特性使得做练习的人可以在最小的地心引力下完成诸多类型的练习。无论什么体形的人，长期坚持水中健身都能收到较好的锻炼效果。水中健身可使肥胖者通过有针对性和较合理的水中锻炼计划，达到减脂塑身的目的。瘦弱者通过有针对性和较合理的休息及均衡的膳食，达到增加体重、健美的目的。因此，长期的水中健身不仅可调节人体姿态和脊柱的生理弯曲，而且可使整个人体向流线型发展，特别是对练习者的臂部、肩背部、胸部、腰部、腹部、腿部、足部曲线的塑造起到良好的促进作用。

（二）为练习者提供更安全有效的运动环境

阻力和浮力是水的特性，这在无形中给练习者打造了一条身体防线。例如，在水中做任何动作都要与水的阻力做斗争，这要比在陆上付出更多的力量。同时，水的阻力又限制了身体或肢体在水中的运动频率，使练习者在运动时能避免伤害。

（三）具有运动损伤后的康复作用

黏滞性和流动性是水的物理特性，人们经常运用水的按摩作用来进行运动损伤的康复工作。同时可以消除运动后的身体疲累，调节心理，放松心情。

（四）使健身者拥有水中救生技能

人们练习游泳主要有两个目的：一是为了掌握生存技能，即水中自救；二是健身、娱乐。由于参加水中有氧运动可以在水中完成各种姿势，它不仅有利于身心健康，而且还可以使健身者同时掌握水中自救及救助他人的技能。

第二章 水中健身的必备条件

第一节 水中健身的适用人群

水中健身主要是在音乐的伴奏下或无音乐环境下，充分利用水的自然特性与水中运动的生理生化基础知识，徒手或借助轻器械，以水中行走、水中跑步、水中跳跃、水中柔韧与肌肉练习，以及健身操、舞蹈、武术、花样游泳等多种形式进行身体锻炼的方式。水中健身可以改善心血管系统和呼吸系统的机能，增强肌肉的工作能力与关节的灵活性，治疗运动损伤，同时具有促进人与人之间交流、陶冶情操的作用，达到身心健康的目的。水中健身适宜不同年龄段的人群，最好是身体状况较好，无重大疾病和急性或慢性损伤的人群。

一、运动损伤患者

对于有运动损伤的患者来说，为加强肌肉力量而进行的陆上训练很困难。特别是腰疼患者，因疼痛程度加大，很难持续进行陆上的练习，水中健身练习情况则大大不同。由于水的浮力，人体处在近似于“失重”状态，在此条件下进行有针对性的力量及柔韧练习，可收到很好的效果并可改善腰疼状况。

二、心血管疾病患者

成年人多发病中约有50%是由血液循环不良造成的，如高血压、糖尿病、心脏病、动脉硬化等病症。通过水中练习可改善血液循环，促进新陈代谢，从而预防此类疾病的发生。

三、关节类疾病患者

进行水中练习时，人体直立或横卧在水中，借助水的浮力与阻力，手、脚做一些动作就可使身体移动。陆上的步行、跑步、跳跃等动作因重力作用使腰部、膝、踝等关节承受很大的负荷，水中健身因水的浮力作用不会对以上部位产生这样大的负荷，所以不会使这些关节受到运动损伤，从而更好地达到健身与康复的效果。对更年期综合征、腰疼、膝疼、颈椎疾病等患者进行有针对性的练习，也可以达到缓解疼痛甚至康复的效果。

四、娱乐嬉戏类人群

水中娱乐练习不仅可以消除人类由工作与生活压力产生的精神上的疲劳，改善情绪，而且还可使参加者更加熟悉水的环境，提高身体对浮力、阻力的适应能力，消除对水的恐惧感，特别是对不会游泳的人学会游泳与水平较低的人快速提高技术水平有着良好的作用。在水中进行娱乐活动还有利于人与人之间的交流，增进友谊，树立集体观念。其主要形式包括水中游戏、亲子游戏、水下球类游戏等，适宜各个年龄段身体健康的人群。

第二节　水中健身场地的要求

一、水中健身场地环境的要求

（一）池底（图2－1）

进行水中健身活动的理想场所是人工游泳池。天然水域可能适合游泳，但水底的情况比较复杂，常常有一些杂物、石头等，容易造成伤害事故。

虽然水中健身练习本身安全、对人体是无害的，但游泳池底部的条件可能成为伤害事故的原因。

较滑的池底很容易引发伤害事故。练习者在练习时如果脚底打滑，容易使腿部或背部的肌肉和韧带拉伤。油漆的池底、铺满瓷砖或玻璃纤维以及有泳道标志线的池底一般都比较滑。在较滑的游泳池中练习时，建议练习者穿水中健身鞋。美国水中活动咨询机构建议游泳池底部的摩擦系数至少应为0.6。池底表面应平坦但不滑，有清晰明显的水深标志。排水道的防护罩应固定好，不凸出表面。

图2－1　池底

粗糙的池底可导致足底皮肤磨损或破裂。为避免足底磨损，在表面粗糙的池底练习时应穿防护鞋。倾斜的池底容易使身体失去平衡，破坏身体姿势，有一定的危险性。如果一脚高、一脚低或足尖高、足跟低，都容易造成局部组织劳损。所以最好不要在坡度大的池底练习。如果不得不在有一定坡度的池底练习，应注意经常变换方位和方向，避免总是使一些肌肉过度紧张。一般来说，水浅的游泳池池底坡度小，水深的游泳池池底坡度大。

（二）水深（图2－2）

练习者的身材和练习目的不同，适宜的水深也各不相同。在选择水深时要考虑几个因素：是否要重点强化上肢肌肉力量（如果上肢没入水中，上肢肌肉可得到强化练习）；对动作的控制程度要求如何；能否在水中保持良好的平衡；能否保障安全，避免伤害事故等。

水中健身经常进行水中行走、跑步、跳跃、旋转等动作，因此多数练习是在浅水池进行的，水面高度可在中腹部和腋窝之间。这样的水深范围可使练习者充分锻炼上肢肌肉，有效控制动作，保持平衡。而且在浮力作用下，练习者的肌肉、关节、韧带、肌腱还可得到有效的保护和支撑，避免伤害事故。

如果水太浅，上肢动作难以利用到水的阻力，练习效果就会受到影响。水中康复练习的水深在胸部以下是比较合适的，这样不容易发生危险。深水游泳池也可以进行水中健身锻炼，但需要练习者借助浮漂等浮具，可做一些深水太空跑步、旋转或其他活动。但如果在深水池练习，一定要注意安全，练习者应该会游泳，并能在水中掌握身体平衡，以免发生溺水事故。

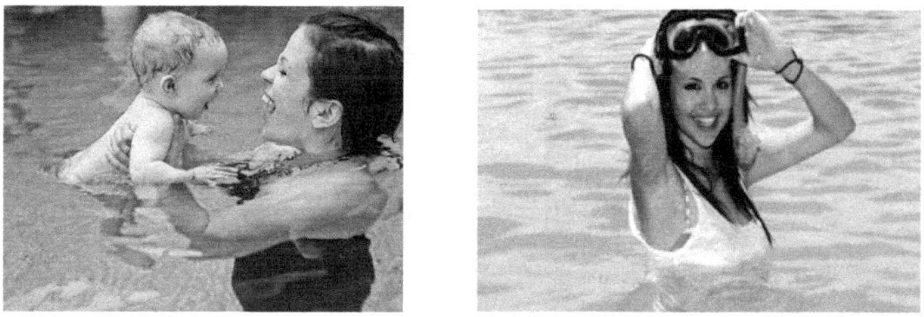

图2-2　水深

（三）水　温

适宜的水温是进行水中健身练习的一个重要条件。对于那些身体健康、体质较好、运动量较大的练习者来说，理想的水温为27～30摄氏度（80～86华氏度），以便于散热。水温低于27摄氏度（约80华氏度）时，必须增加热身练习的时间，才能转入动作幅度较大、负荷较高的有氧练习。

即使水温在上述理想范围内，仍然是低于人体温度的，因此还是会引起一些生理反应。所以练习者只要一进入水中，就要开始运动。热身活动应包括慢跑、跳跃等，而且在水中的活动尽量连续进行。

不同的水温适合不同类型的活动。如果水温较高（30摄氏度以上），可以进行水中伸展练习，发展柔韧性，或者进行特定的水中康复练习。水温适中（27～30摄氏度）时，可根据自己的体质和体能水平进行各种形式、各种强度的水中健身练习。

目前，我国室内游泳池的水温一般为26～28摄氏度，基本可以满足水中健身练习的需要。室外游泳池的温度随天气变化而变化，但当水温低于22摄氏度时，除非采取一定的保护措施，如穿保暖泳装或保暖背心，否则不宜进行水中健身练习。水温高于30摄氏度时不宜进行强度较高的有氧练习，否则容易使体温过高，发生危险。

（四）游泳池（图2-3）

人工游泳池一般可分为三类，即长池、短池和不规则池。长池一般长50米、宽20～25米。如果要进行水中健身活动，可以在长池开辟一块区域。短池一般长25米、宽15～20米，非常适合水中健身活动。不规则池常见于宾馆、饭店、度假村、旅游区，有蘑菇形、T形、椭圆形等多种形状，这些泳池一般较小，难以满足健身游泳者的练习需要，但适合进行水中健身活动。不过应注意，在制订练习计划时要因地制宜，根据游泳池的形状编排队形和选择练习手段。

图2－3　游泳池

游泳池的池边应有足够的空地供教练或领操员示范、讲解和组织练习。由于练习过程中经常有位置和队形的变化，为防止发生碰撞和伤害事故，建议每个练习者拥有不少于6平方米的水域面积。如在20米×25米的水域中，可以同时有60～70人进行练习。

（五）卫生条件

为保障教练和练习者的健康，应该选择符合国家规定标准的游泳池开展水中健身练习。游泳场馆内的卫生要求可参考中华人民共和国国家标准《GB 9667—1996 游泳场所卫生标准》。

（六）照明条件

为保证教学和练习的质量，游泳池应有充足的照明条件，而且自然光或灯光的照射不应影响教员和练习者的视线视野。室内游泳池采光系数不低于1/4，水面照度不低于80勒克斯。

（七）日　光

如果长期在室外游泳池练习，长时间暴露在日光的直接或间接照射下，就有发生皮肤癌的潜在危险。在水中练习时，由于阳光和水面反射的紫外线的双重照射，被晒伤或发生皮肤病变的危险系数更高。为避免上述危险，教练和练习者有必要采取一些保护措施，如戴宽边草帽、涂防晒护肤品等，而且尽量避免在中午阳光直射时暴露在日光下。为避免强光对眼睛的伤害，教练和练习者还应佩戴防紫外线的护目镜或游泳镜。

二、水中健身实用器材（图2－4）

水中健身所需的实用器材既包括池中的台阶、扶梯、扶手、水槽、泳道线、出发台、拐角等，也包括泳池附属的健身房、更衣室、淋浴室、桑拿房、卫生间、休息室等。练习时应充分利用现有的附属设施提高练习效果。如下水前可在健身房进行陆上热身活动；水中向前踢腿练习可利用池壁或台阶；坐在台阶或背靠池壁增加身体的稳定性；进行牵拉练习时，可抓握扶手、扶梯、水槽、出发台握手器。

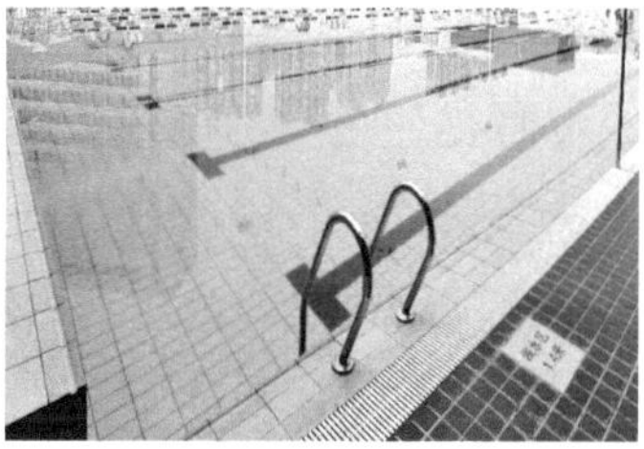

图2－4　水中健身实用器材

其他器材配置要求如下。

（1）配备一定数量的遮阳伞。

（2）池底设低压防爆照明灯，底边满铺瓷砖，四周设防溢排水槽。

（3）泳池区各种设施设备配套，美观舒适，完好无损，其完好率不低于98%。

（4）设有自动池水消毒循环系统和加热设施。

（5）池边铺满不浸水绿色地毯，设躺椅、座椅、餐桌，大型盆栽盆景点缀其间。

（6）分深水区和儿童嬉水区，深水区水深应超过1.8米，儿童嬉水区水深不超过0.48米。

（7）游泳池设计美观，建筑宽敞，屋顶高大，顶棚与墙面玻璃应采光良好。

（8）游泳池设有专用出入通道，入口处设浸脚消毒池。

第三节　水中健身装备配置

一、基本装备

（一）游泳装（图2－5）

游泳装是必不可少的。男士的泳装比较简单，主要分为三角形和平角形两种。

只要明确自己的尺码，就可以购买到适合的泳裤。女士泳装类型较多，主要分为连体、分体、比基尼三大类。参加水中健身活动对泳装没有很高的要求，只要合体，不妨碍身体各部分活动即可。

儿童泳装在选择时，应考虑到宝宝泳衣的颜色最好鲜艳一些。应首选颜色明亮鲜艳的面料，通常小朋友自己也喜欢这种色彩缤纷的服装。研究显示，在海滩上穿颜色鲜艳的泳衣或带鲜艳颜色游泳圈时安全系数会更高一些。因为一旦出现意外，更容易被人发现，从而获救。其中橙色、黄色是首选。同时，还可以方便父母注意到宝贝们是否在从事危险的活动，减少安全隐患。

成人泳装选择尺寸适合、面料舒适、便于水中活动、自己喜欢的就行，没有太多要求。

连体儿童泳衣（女）

分体平角儿童泳衣（女）

比基尼儿童泳装（女）

平角儿童泳裤（男）

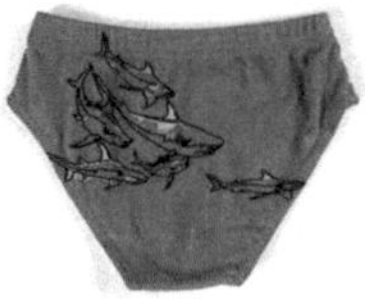

三角儿童泳裤（男）

长款儿童泳装（男）

长款儿童泳装（女）

成人连体三角泳衣（女）　成人连体裙装平角泳衣（女）　成人比基尼泳衣（女）

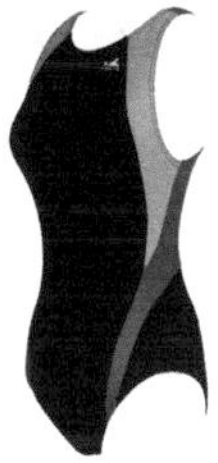

成人长款泳衣（女）　成人竞赛泳衣（女）　成人平角泳衣（男）　成人三角泳衣（男）

图2－5　游泳装

（二）游泳帽（图2－6）

一般的游泳池都要求入池者必须佩戴游泳帽，以保持池水的清洁卫生，避免脱落的头发给清理游泳池造成困难。练习者佩戴游泳帽还能够保护头发，避免游泳池中的氯对头发的腐蚀，并避免长发进入眼睛、鼻子或耳朵，影响活动。

游泳帽的材料一般可分为乳胶、硅胶和氨纶3种。其中，氨纶泳帽价格便宜，但不能保护头发，佩戴后稳定性差，容易脱落。乳胶和硅胶泳帽对长发的固定和保护作用较好，价格也适中。游泳帽使用后，应用清水冲洗晾干。长时间不用时，在帽内撒一些爽身粉。

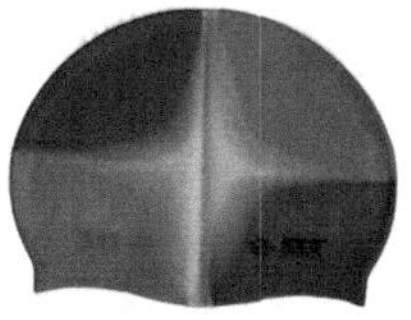
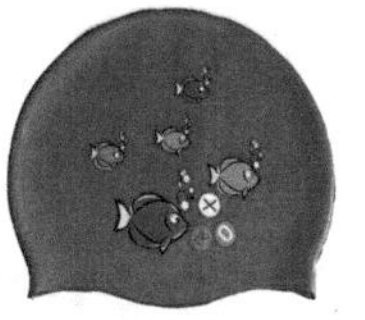

氨纶泳帽　乳胶泳帽　硅胶泳帽

图2－6　游泳帽

（三）毛巾（图2－7）

毛巾也是必备物品之一。如果经常进行水中健身或游泳活动，可准备一块专门的吸水巾（跳水运动员使用的那种），擦拭身体后只需拧干水分即可，无须晾晒。

图2－7　毛巾

二、补充装备

有了上述基本装备，就可以开始水中健身练习了。当然，如果练习者经济条件许可，还可以选择下面的补充装备。

（一）游泳镜（图2－8）

游泳池的水中不可避免地含有一些病菌及为了杀菌而投放的氯或其他化学药物，这些都容易对眼睛造成伤害。佩戴游泳镜后，眼睛周围可接触少量的空气，透明镜片使人得到接近正常的视野，避免眼睛长时间接触氯而产生不适。

选购游泳镜时应首先考虑泳镜的光学性能，选择镜片为平面的泳镜，以免视物变形；其次通过试戴挑选适合自己脸颊轮廓的泳镜；此外应考虑的是密封和防雾性能。目前市场上的游泳眼镜主要有竞技款和休闲款。

竞技款泳镜主要有 SPEEDO、ARENA、国家地理（NAT GEO WILD）等，也有国内的品牌 FEW（飘）、YINGFA（英发）、XIONGZI（雄姿）等。竞技款的泳镜镜面比较小，流线型比较好。

普通泳镜　　近视泳镜　　变色泳镜

图2－8　游泳镜

休闲款眼镜有很多品种，款式也很多，只要适合自己的就可以。此外，要注意的是，在室外游泳时要选择镜片颜色比较深的水镜，防止刺眼阳光伤到眼睛。泳镜有平光、近视、老花之分。晚上最好用不加膜的，因为加膜的视觉效果会差一点。下水时，近视患者应该戴近视泳镜，不可以戴隐形眼镜，因其容易滋生细菌，眼部易患炎症，非常不卫生。老年人可选择佩戴老花泳镜。无论选择哪种泳镜都要先确保松紧度合适，避免泳镜太紧造成大脑缺氧。

（二）水中健身鞋（图2－9）

游泳池的池底一般铺的是瓷砖，如果长时间进行水中健身活动，为了保护腿部和脚部的肌肉、韧带和皮肤，避免滑倒，最好穿一双水中健身鞋。水中健身鞋一般由轻便的氯丁橡胶制成，鞋底柔软而有弹性，面料结实，容易晾干。

有的水中健身鞋的鞋面和后部还有专门的小环，可以与水中抗阻橡皮带连接，以进行跑步、游泳、踢腿等练习。

图2－9　水中健身鞋

（三）阻力手套（图2－10）

在进行上肢力量练习时，为增大触水面积，增加阻力，可以戴水中健身的阻力手套。阻力手套一般由氯丁橡胶制成，持久耐用，形状像鸭子的蹼，可有效增大阻力。

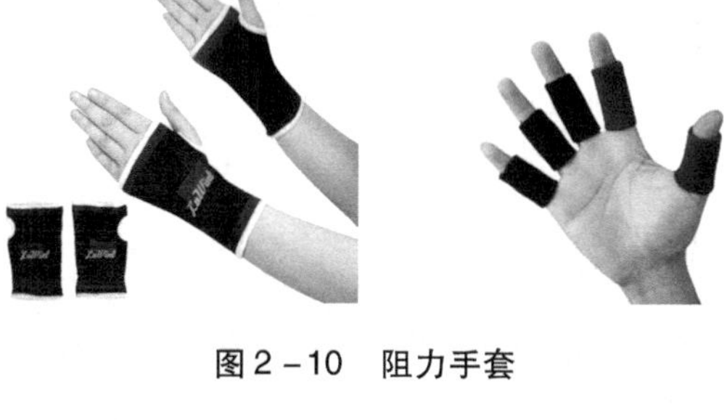

图2－10　阻力手套

（四）水中练习护腕

一般由氯丁橡胶制成，可以佩戴在手腕或脚踝，用于上下肢力量练习或康复练习，还可以与水中抗阻橡皮带连接，加大练习的阻力。

（五）划水掌（图2－11）

划水掌原本用于游泳运动员进行专项力量训练，在进行水中健身活动时也可用来增大阻力，提高肌肉力量。划水掌一般由塑料制成。

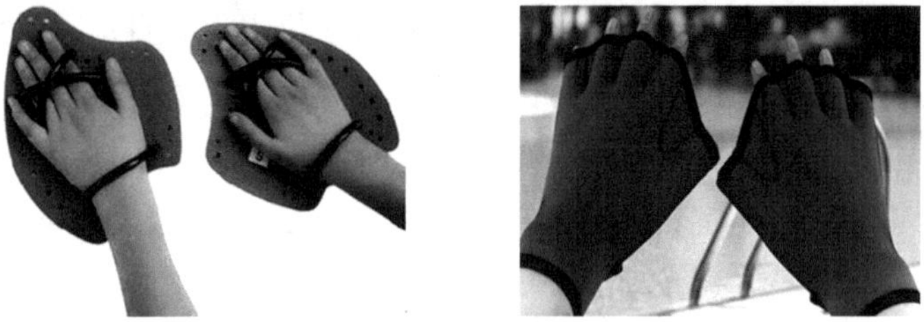

图2－11　划水掌

（六）脚蹼（图2－12）

脚蹼可以延长腿和脚的长度，在游泳练习中可以提高打水速度。水中健身活动中也可以利用脚蹼提高踝关节的灵活性和腿部力量。脚蹼分单蹼和双蹼两种，一般由天然橡胶制成。

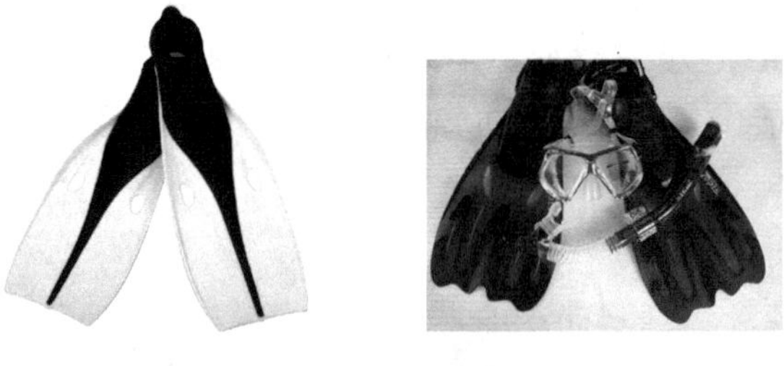

图2－12　脚蹼

（七）打水板（图2－13）

打水板是由硬泡沫塑料制成的漂浮板，在游泳练习中用于专门的腿部技术练习。在水中健身活动中也可以进行打水、用腿夹板或助浮器、坐在板上做一些划水练习等。

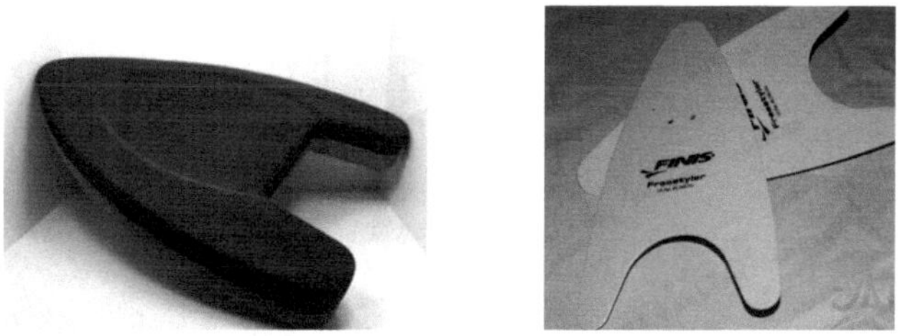

图2－13　打水板

（八）水中练习专用浮板（图2－14）

浮板上有不同形状和大小的孔，水流可以通过，在水中可调节阻力，增加稳定性。练习时，可以俯卧、仰卧、坐或站在浮板上进行各种平衡或力量练习，也可作为打水板使用。

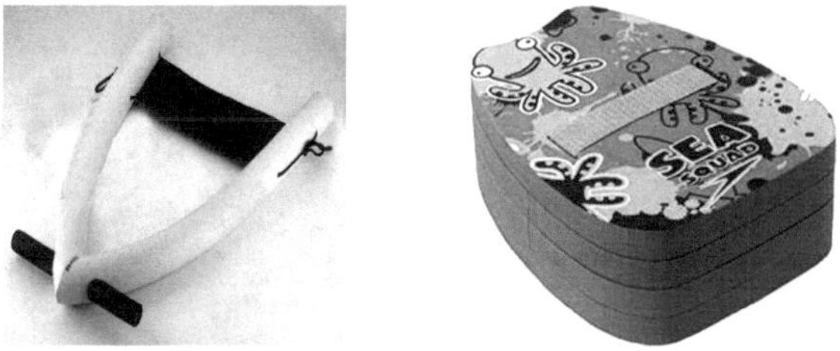

图2－14　浮板

（九）深水跑步助浮腰带（图2－15）

一般由硬泡沫塑料制成，在深水池中系上助浮腰带，可以体会双脚悬空、太空漫步的感觉。

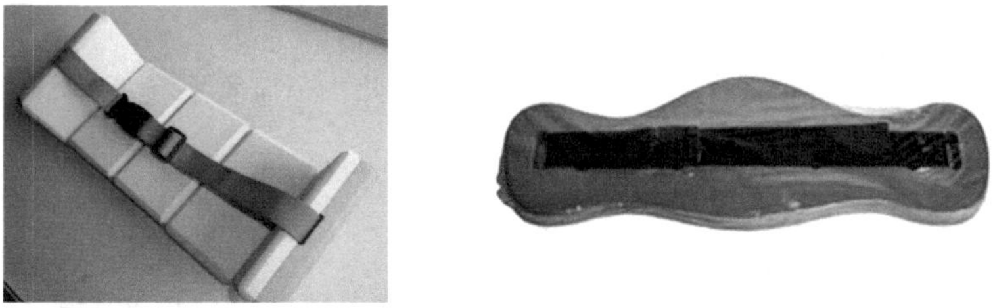

图2－15　助浮腰带

（十）水中健身棒（图2－16）

水中健身棒由软泡沫塑料制成，柔软，可变换形状呈条形、环形或半圆形。练习者既可以用水中健身棒做各种舞蹈或体操动作，也可用于在水中助浮。

图2－16　水中健身棒

(十一) 水中哑铃 (杠铃) (图2－17)

由泡沫塑料制成，用于进行水中力量和平衡练习，形状多种多样。

图2－17　水中哑铃

(十二) 心率遥测仪 (图2－18)

用于监测、记录和分析练习者练习过程中的心率变化情况，分为发射器和接收器。发射器固定于练习者的胸部，接收器与腕表相似，戴在手腕上。根据性能和价格分为不同的档次，能够记录运动中的心率，可根据年龄输入目标心率。如果练习者心率超过目标心率范围，可自动报警。对于心脏、心血管系统有疾病的练习者比较重要，可随时监控和调整练习强度。

图2－18　心率遥测仪

（十三）水中随身听（图2－19）

水中随身听是一种专门为水中健身爱好者设计的可防水的随身听，可播放音乐作为操类活动伴奏，可边练习边听音乐，使心情放松愉悦。这种水中专用的随身听可在水中漂浮。

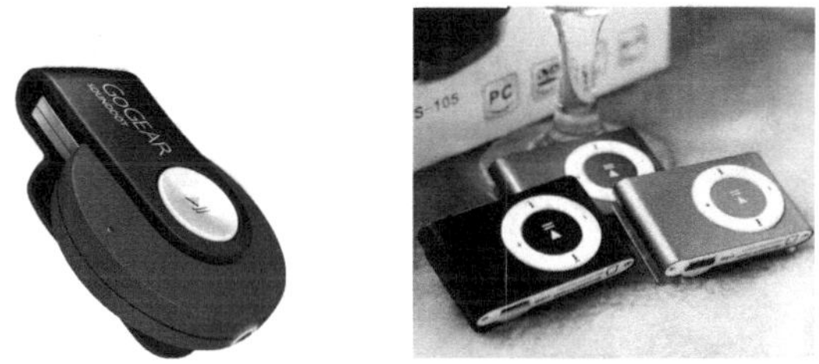

图2－19　水中随身听

（十四）麦克风（教学用）（图2－20）

为教练和领操员准备好耳麦。因为教练要随时示范和纠正动作，所以应选择相对固定、不会因身体动作而影响扩音质量的耳麦。

图2－20　麦克风

（十五）音像设备（图2－21）

音像设备包括录音机、录像机、影碟机、电视机及盒带或光盘等，以便教学时播放音乐或示范画面。

图2－21　音像设备

（十六）水中专用练习踏板（图2－22）

踏板操是有氧健身操的一种，练习者可在踏板上运用各种健美操步伐及动作来进行健身锻炼，运动强度可控性强，是一项提高人的心肺功能、人体耐力、灵敏性、协调性及塑造形体的极好的体育运动项目。水中专用踏板的表面采用防滑材料，底部有橡胶镶边，能够保持人在水中的稳定性。水中踏板的颜色应与水环境颜色反差较大，顶部中央和边缘有醒目的标志。尺寸与陆上踏板相似。

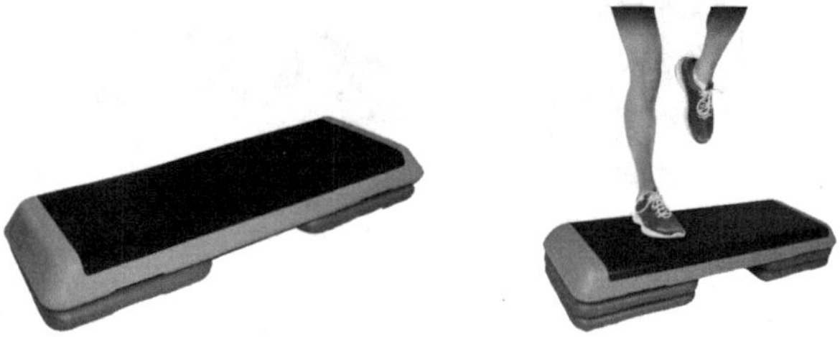

图2－22　水中专用练习踏板

（十七）水中抗阻橡皮带（图2－23）

水中健身练习常常使用高弹力的抗阻橡皮带。在练习时，可将橡皮带的一端固定在出发台或扶梯上，另一端连接在一些专门的水中练习器械如助浮背心或助浮裤、水中阻力手套、水中健身鞋、水中练习护腕等之上，增大练习的阻力，发展力量。

图2－23　水中抗阻橡皮带

（十八）助浮背心和助浮裤（图2－24）

助浮背心和助浮裤除了能够增加浮力外，还可起到一定的保暖作用，可用于各种深水练习，还可与抗阻橡皮带连接起来，进行对抗阻力的深水跑步。一般由坚固耐用的氯丁橡胶制成。

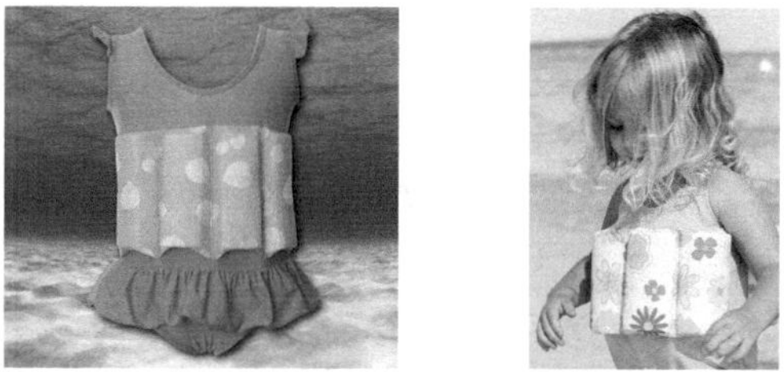

图 2－24　助浮背心和助浮裤

（十九）陆上练习垫（图 2－25）

在陆上热身或辅助练习时可准备练习垫，供练习者在垫上进行坐、卧等形式的练习。

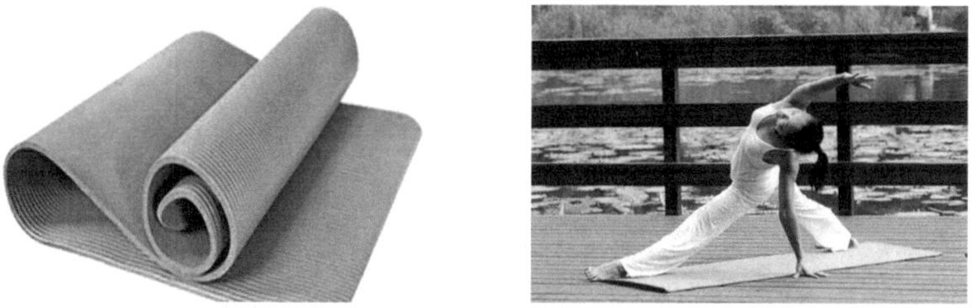

图 2－25　陆上练习垫

第四节　水中健身前需掌握的基本要素

一、陆上准备活动

在入水前，应该做几节简单的准备活动，活动一下身体各部分的肌肉、关节，防止抽筋等事故的发生。动作如图 2－26～图 2－29 所示。

（1）头部运动：两脚左右分开站立，两手叉腰，头部向前、后、左、右运动，再做头部绕环动作。

（2）扩胸运动：两脚左右分开站立，两臂在胸前平屈后振，然后两臂经胸向前伸展，掌心向上呈侧平举，并向后振。后振时挺胸抬头，还原后再重复做。

（3）手臂绕环：两脚开立，两臂同时向前绕环，然后再做向后绕环动作。

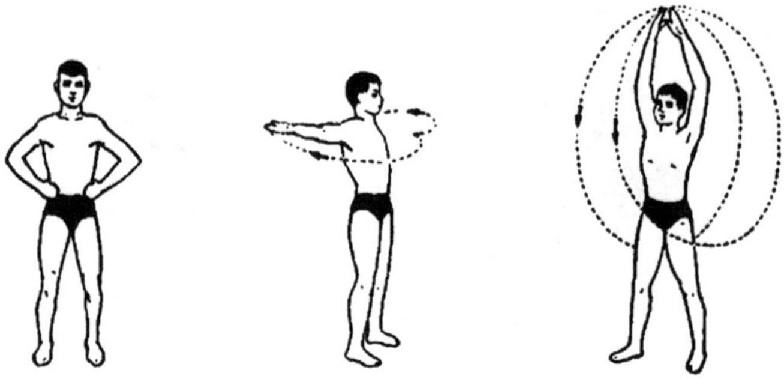

图 2 –26　头部运动、扩胸运动、手臂环绕

（4）腰部运动：两脚开立，两手叉腰或伸直在头上方，向左向右做腰部绕环动作。

（5）腹背运动：两脚伸直并拢，两臂同时向上后振，然后上体向前弯曲，两臂下振，两手掌要碰到地面。

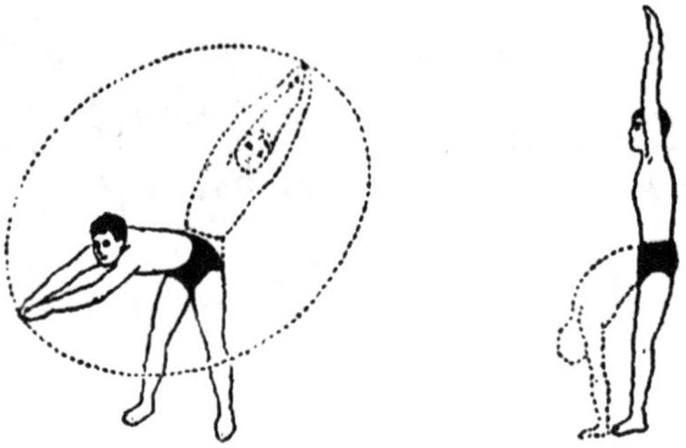

图 2 –27　腰部运动、腹背运动

（6）下蹲运动：两脚并拢，上体向前弯曲，两手扶住膝盖，然后屈膝下蹲，还原后重复做。

（7）压腿运动：右脚向前跨出 1 步，膝关节弯曲，两手撑扶右膝，左腿在后面伸直，上体做上下振动的压腿动作，然后两腿交换做。

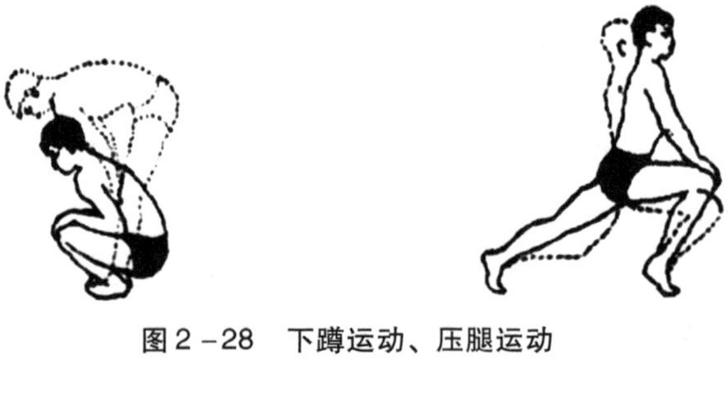

图 2 –28　下蹲运动、压腿运动

（8）踢腿运动：两臂向上举，右脚同时向前踢出，接着两臂迅速下振，右脚同时向前踢出，还原后两脚交换做。

（9）跳跃运动：两脚左右分开下蹲，两臂在体侧下垂。然后向上跳起，反复练习。

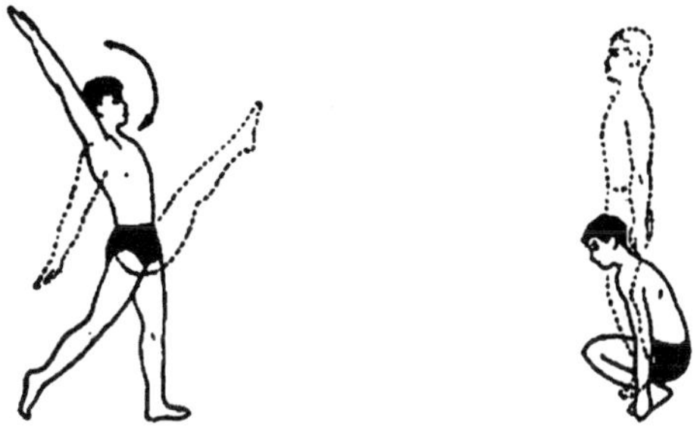

图2－29　踢腿运动、跳跃运动

二、熟悉水性

初学水中健身的人，因为不熟悉水性，所以走进水里会感到心跳加快、两腿发飘、站立不稳。下面谈谈熟悉水性的几种方法。

（一）水中行走

水中行走是熟悉水性的第一步，目的是让初学者体会并适应水的浮力和阻力，初步掌握在水中站立和行走时维持身体平衡的方法，消除怕水心理。水中行走一般在齐腰深的水中进行。迈步时，身体略向行进方向倾斜，大腿略微抬起，小腿和脚提起后往行进方向迈进，下踏站稳后再提起另一只脚；两臂在体侧轻轻拨水保持平衡。需要注意的是，开始行走时步子不宜太大，速度不宜太快，身体重心的移动要与腿的动作协调一致。练习方法如下。

（1）扶泳池边向前、向后、向两侧行走。用正常的走姿与高抬腿走相对比，体会哪种姿势阻力小。若练习者较多，可排成一路纵队，后面的人扶住前面人的肩或腰向前行走，也可手拉手围成圈侧身走。

（2）双臂划水向前走，也可做跨步跳、跑和原地向上跳等动作。

（3）在泳池中进行游戏或比赛，如捉人、接力等。

（二）闭气、睁眼和呼吸

人在陆地上呼吸和在水中是不同的，由于水的压力，鼻子在水中不能吸气，所

以初学水中健身时，先得学习闭气、睁眼和呼吸。（图2－30）

（1）闭气：站在水浅的地方，两手抓住岸边，吸足一口气后，就将脸浸没在水中。开始时，闭气的时间不宜过长，经反复练习后，闭气的时间最好一次比一次长，但不要勉强。

（2）睁眼：练习时，身体下蹲，把头浸在水里，睁开眼睛，伸出自己的手指数一数看能不能看清楚。开始时眼睛可能有些发痒，但只要反复练习几次就习惯了。

（3）呼吸：在水中人体密度的变化与呼吸有密切关系。人在吸足气时胸腔扩大，排水量增加，如同一个气球，密度可下降为960～990千克/厘米^3，小于水的密度1 000千克/厘米^3，人则容易浮在水面；呼气时，胸腔变小，排水量减少，密度可增至1 020～1 050千克/厘米^3，人则容易沉入水中。因此，学习掌握正确的呼吸方法对水中健身有着十分重要的作用。

在水中是用嘴来吸气，用嘴、鼻来呼气的。练习时，先用嘴吸足气，然后闭气下蹲，把头浸在水里，睁开两眼，用鼻和嘴慢慢地呼气。这样重复练习数十次，等呼吸均匀以后，再做另一个动作。

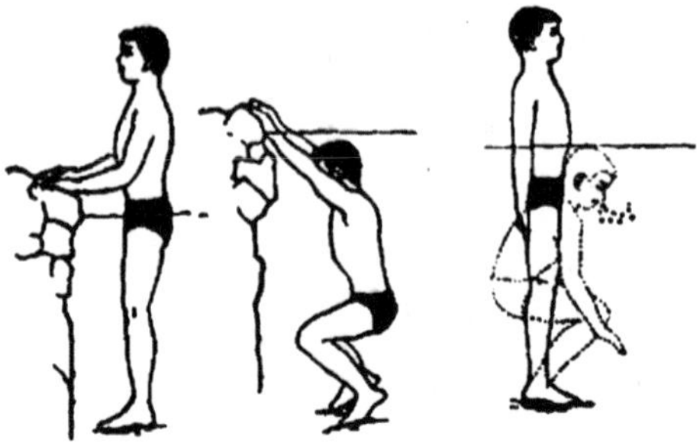

图2－30　闭气、睁眼和呼吸

（三）浮体和起立

1. 人体在水中浮沉的现象

初次下水的人，一旦水浸没到胸部就会感觉站不稳，似乎有股无形的力量使脚向上漂，失去重心，因此只能紧紧抓住池边或其他支撑物，不敢松手。这是因为身体受到水的浮力的作用，浮力的方向是向上的，而重力是向下的，如果重力小于浮力则浮在水面，反之则下沉。人在水中沉浮取决于身体密度的大小。一般人的骨骼、肌肉的密度都大于水的密度，而脂肪的密度则小于水的密度。由于年龄、性别和发育程度存在差异，每个人的骨骼、肌肉、脂肪在身体内所占的比例不一样，因而每个人的浮力大小也存在差异。男子的肌肉约占体重的45%，脂肪约占体重的18%；女子的肌肉约占体重的35%，脂肪约占体重的25%。相比之下，男子在水中易沉，女子在水中更易浮。老年人骨质老化、胶质减少、密度增加，在水中也容易下沉。

2. 浮体练习

浮体练习的目的是体会水的浮力，初步掌握在水中控制身体平衡的方法，进一步消除怕水心理。要使身体漂浮起来，首先要吸足气，并保持屏气与放松。做浮体动作要使人体像一个充满气的皮球浮在水面上，如果吸气不足、胸腔没有充分扩张、在浮体的过程中把气呼出或是身体紧张肌肉僵硬，都无法使人体的平均密度变小，此时漂浮就有难度。练习方法如下。

（1）抱膝浮体（图2－31）：先站在水浅的地方，做深呼吸后，闭气下蹲，低头收腿，两手紧紧抱住小腿，不一会儿，身体就会很自然地浮上来，把气呼出，身体又会慢慢下沉。浮体下沉的动作熟练后，就可以开始练习浮体伸展和起立。

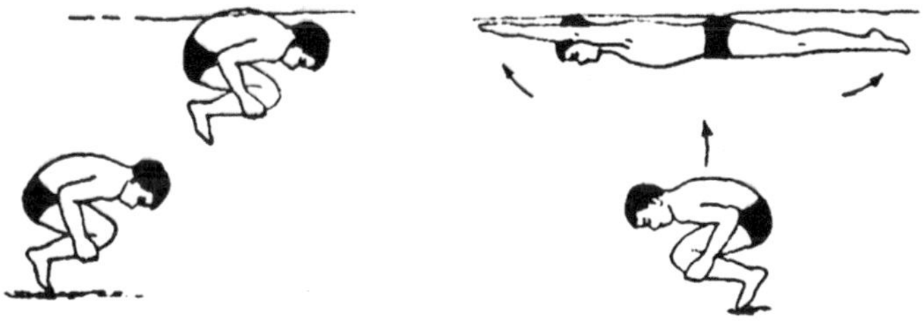

图2－31 抱膝浮体

（2）浮体伸展和起立（图2－32）：抱膝浮体于水面时，两手向前伸，头部放在两臂中间，两腿向后伸直并拢，身体就平浮在水面上了。起立时，头和上体向上抬，两手臂往下压水，挺腹屈膝，就会站立起来。练习以上动作时，身体要放松，不然就会影响身体向上浮起。

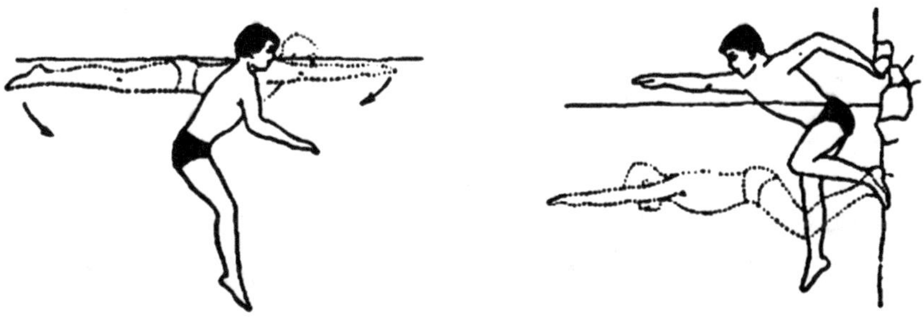

图2－32 浮体伸展和起立

第五节　水中健身活动开展的注意事项

一、水中健身锻炼中应注意的一般性问题

在锻炼时，首先要对自己所选择的内容、运动场所和运动用具等有充分的了解，并且要对运动场所和运动用具的安全性做全面的检查，将伤害和事故的发生消灭在萌芽状态。在选择锻炼负荷量时，必须根据自己的身体状况选择适宜的运动负荷量，在锻炼过程中，使用的负荷量切不可过强过快，要循序渐进地进行身体锻炼，并不断地分阶段修正自己的健身目标，以期达到不断完善身体之目标。

无论采用何种健身方式，都应提前做好准备活动，锻炼之后做好整理活动。健身锻炼时，要充分重视两者。怎样选择准备活动的顺序呢？我们认为，应先慢慢地活动手、臂、腿和脚，因为这种活动对心脏的刺激不大，对于患心血管系统疾病的健身者来说，也有一个对健身锻炼过程中运动负荷的逐步适应、逐步提高的过程。同时，准备活动中要根据气候条件和年龄、身体状况适当地增、减衣服，保证肌体不感到寒冷，又不妨碍做动作。随着运动的进行、体温的升高、肌体代谢速度的加快，还可减去一些衣服。在健身锻炼之后，肌体的工作状态处于一个较高的水平，如果此时停止运动，或坐下或躺下休息，会使体温急剧下降，从而导致眩晕、恶心、出冷汗和一些所谓血管性迷走神经反射症状，有时还能出现一些更严重的伤害事故，给身体造成严重的损伤。所以，在健身锻炼后要及时对肌体进行整理活动，使身体代谢的速度慢下来，使肌体逐步处于稳定状态。整理活动的内容和准备活动一样，与正式的运动强度有关，用日常健身运动处方的内容均可。比如，慢走一会儿，做几分钟体操，或体操和步行混合进行。健身锻炼出汗之后，应保持皮肤清洁，但不可突然用冷水冲洗。运动后至少应过 10 分钟，使身体落落汗，然后再洗。

（一）游泳池卫生管理

定期进行全面彻底的清洁与经常进行药物处理相结合，保障游泳场所的清洁卫生。相关管理人员要经常清扫游泳池的周围，防止碎石、玻璃及其他杂物损伤人体或影响水质。水质的卫生管理，确保水池无杂物、无漂浮物，要按要求对水池进行消毒。

下水前要注重个人卫生管理，先要进行健康检查，凡患有心脏病、皮肤癣菌病、

重症沙眼、急性结膜炎、化脓性中耳炎、肠道传染病等病，在未治愈之前以及女性经期，不能参加水中活动。健身中发现身体不适，请停止水中活动；下水前，在更衣室冲淋全身后再入池。

健身锻炼过程中，如果遇到下列症状，必须停止锻炼：胸痛伴随运动的进行而加剧；胸内绞痛，呼吸严重困难；恶心、头晕、头痛；肌体感到十分疲劳；四肢肌肉剧痛，两腿无力，行动困难；足、膝、腿等关节疼痛；脉搏显著加快；脸色苍白，出冷汗，嘴唇发紫；跑的姿势或动作不稳，不正常；锻炼中止后，如果征候无进展，在判定可继续运动不会出现问题后，方可继续进行健身锻炼，但要减小锻炼的负荷量。

从事健身运动锻炼，切忌性急。要在轻松愉快的心情下进行健身运动锻炼，健身的效果才会更充分地体现，同时要高度重视健身锻炼后的身体恢复阶段，为了使身体通过锻炼而受益，必须注意锻炼后对身体的补偿和调节，即身体恢复过程。可以根据健身过程中负荷的性质、负荷量的大小、不同年龄对营养物质的需求，有计划地、科学地选配食品，以保证肌体对营养需求的平衡。同时也要注意饮食卫生，饮食过程要做到定时、定量、定营养结构。另外，要注意对肌体的调节，因为调节肌体的工作和休息状态能缓解疲劳，促进物质吸收和储备能量。调节机体包括调节学习、工作与合理睡眠和娱乐时间。如有条件，可在锻炼后采取一些理疗方法，如按摩、蒸汽浴，听轻音乐或者利用一些医疗器械进行理疗，这些方法对于身体恢复都是行之有效的。

最后，应注意饭后不要马上进行锻炼。人吃进的食物，要经过口腔、胃、肠等消化器官的一系列的“机械加工”和唾液、胰液等消化液的“化学分解”，才能被身体吸收。所以，主管消化的神经兴奋，引起胃、肠等消化器官的蠕动加快，较多的血液回流内脏器官，各种消化腺分泌增多，从而促进了食物的消化吸收。此时锻炼，机体的新陈代谢加快，同时需要大量的氧气和营养物质，主管运动器官的神经就兴奋起来，促使心肺活动加强，而且抑制了支配消化系统的神经，使胃肠道蠕动减慢，消化腺分泌减少；同时大量的血液从内脏器官流向各处运动着的肌肉，胃肠血液供应减少，胃的活动被削弱，食物得不到充分的搅拌和消化，在胃里停留的时间延长，以致发酵酸化。另外，饭后胃里充满着食物，此时锻炼可因腹部震荡牵动腹膜产生疼痛、消化不良、消化道感染等。因此，饭后应休息 20 分钟再进行健身锻炼。

（二）青少年进行健身锻炼应注意的问题

在健身锻炼过程中，青少年应遵循身心发展的规律，如果违背其规律或方法不当，将会使身心受到损害。

骨骼系统：随着年龄的增长，青少年骨中有机物与无机物增多，水分逐渐减少，其骨化过程随年龄的增长不断进行，肌肉的生长速度落后于骨骼。如果在健身锻炼中选择的负荷不合理，或过大过猛做跳跃动作，使左右腿负荷不均，将会产生骨盆移位；而下肢负荷量过大，可导致扁平足，甚至使身体产生畸形，影响各器官系统的功能。

肌肉系统：11～12 岁的少年女子和 13～14 岁的少年男子肌肉力量增加特别迅速，到 18 岁时，肌肉力量增加到 40% 以上，这主要是蛋白质、可溶性蛋白、线粒体、细胞核数量的逐渐增加。所以，在健身力量练习时，应全面地发展肌肉的力量。同时避免用大强度、大数量的力量锻炼。因为如果用大强度、大数量的运动，会消耗体内大量的能量物质，而能量物质消耗过多，有碍于机体的生长发育。由于男、女肌力有明显差别，所以，女性健身者力量练习的负荷量必须严格控制。

神经系统：青少年神经器官的兴奋性和灵活性几乎接近成人水平，但它的机能还没达到较高的水平。其稳定能力较低，并以兴奋过程取优；兴奋和抑制过程很容易扩散，而且兴奋强度和集中能力都较弱。然而，反兴奋速度快，可塑性强；对单调的运动刺激作用将会很快地产生超限制抑制作用，大脑皮质神经细胞工作能力低，持续时间短，易疲劳；神经细胞物质代谢旺盛，合成作用迅速，消除疲劳快。所以，青少年在实施健身运动时，应注意运动的时间不要过长，在运动中不断变换运动的方式和内容，最好采用循环式锻炼法。

心血管系统：青少年时期，心脏体积和容积增长很快，到 16 岁以后，心脏能够承担大强度活动。在此期间的健身锻炼可选择发展心血管系统的项目，同时注意有氧代谢和无氧代谢功能的协调发展。

总之，青少年进行健身运动时，要根据身心发展的规律，全面地发展身体机能，在选择运动强度时，严格按照身体锻炼的法则——超量恢复的原理，循序渐进地选择锻炼强度，同时，加强身体协调性和柔韧性及关节灵活性的锻炼，在日常生活和健身锻炼中，保持正确的合乎人体解剖学的姿势。只有这样才能通过健身锻炼给人体各关节的正确组合和机能产生良好的效果。

（三）女性水中健身应注意的问题

女性和男性在生理机能上有很大差异，因而在健身锻炼中，女性应根据自身的生理变化规律去进行健身锻炼。

在身体的组成成分上，女性皮下脂肪较厚，体脂比男性多5～7.5千克。女性比男性去脂体重少20～20.5千克。皮下大量脂肪沉积，对身体有很好的保温作用，这对参加游泳、滑冰运动时保持体温很有利。此外，对外界的冲击力有缓冲作用，有助于保护骨骼和肌肉免受损害，并且可以储备能量，在必要时，随代谢释放能量以供人体需要。但是，女性皮下脂肪沉积多，而过多的脂肪不但影响形体美，而且容易引起高血压、冠心病、糖尿病等病症，所以，女性应注意加强有氧代谢运动，使多余的脂肪得到消耗，防止产生疾病。

女性的骨盆发育较迟，一般在20～25岁时发育完善。青少年时期，女性骨盆尚未发育完善，若过多地从事负重过大的运动，特别是经常做不对称的负重锻炼，容易影响骨盆的发育和骨盆的形态。但循序渐进地进行一些健身锻炼，则能促进骨盆发育，提高其抗冲击、抗压能力。女子运动器官的结构和机能特点是骨骼较短、较细，骨密质厚度也较薄，骨骼的粗隆、结节等比男子小，有人对男女肩带骨进行比较，发现所有肩带骨的长度和宽度都是男子大于女子，这就说明女子的肩窄。基于这一特点，加上肩带肌细弱，故女子应加强肩带肌力量的锻炼，但锻炼时应注意负荷不能过大。由于女子骨骼中水分、脂肪含量较高，所以抗压、抗弯能力差，在健身锻炼中，要注意保护，预防外伤。

总之，女子要根据自身的生理特点，科学合理地根据运动处方的原理和原则全面地进行健身运动。

（四）中老年人水中健身应注意的问题

随着机体的衰老，人体新陈代谢的能力逐步减弱，中老年人的骨骼易变得硬、脆，很容易受伤。同时肌腱力量减弱，关节和韧带的柔韧性也随之减弱，于是关节活动幅度减少。如果在锻炼时对此不加注意，就会受伤，产生不良后果。与此同时，中老年人的肌肉力量也随之减弱，肌肉伸展的幅度变小，因此中老年人的活动范围明显缩小。据统计，65岁老年人最大肌力下降40%，从性别差异来说，女性比男性慢（国外报道）。在肌腱上，中老年人的扭伤、拉伤等大多是由于机能下降、骨骼成分发生改变而引起。而从关节结构来看，滑膜关节的完整性受到胶原结构普遍性变化的影响，特别是软骨中软骨素的含量下降，导致弹性丧失。随着人体不断衰老，关节软骨变成无光泽的黄色，并丧失弹性。关节软骨的厚度减小，并在负重区出现明显缺少，衰老关节的一般表现是活动性丧失和不稳定。奥尔曼（1974）指出，关节柔韧性的丧失很有规律，以致它的测定值成了一个表示生理学年龄的衡量指标。上肢的骨关节病导致疼痛性运动限制，但无明显的变形。如果下肢受累，可使步态受到严重的影响。髋关节的损害可引起跛行，上楼梯、从矮椅上站起来都感到困难。膝关节受累也会引起上楼梯困难。在一段时期的不运动之后，关节可能僵硬，而且膝关节不能充分伸展，关节不能契合而导致稳定性丧失。

衰老的肌肉骨骼系统的问题则表现在：由较大程度的疲劳引起的较大程度的肌肉僵硬；对抗肌放松缓慢；弹性组织丧失的胶原分子结构改变；关节柔韧性的丧失；毛细血管对肌腱供血的进行性减少后的变化。

同日常活动减少引起的类似反应难以区分，衰老不可避免地将减慢任何细微损伤的愈合速度。衰老不仅可能改变肌腱本身，而且也影响它在骨上的附着点。骨皮质变薄，骨髓通过小裂缝扩展到肌腱中；随后，在肌腱的近侧部分，可能出现骨质形成。因此，只有通过健身锻炼减慢组织衰老，使关节旋转灵活，才能使老年人保持充分的营养，从而促进新陈代谢，使身体健康。

二、水中健身应注意的特殊性问题

妇女怀孕后、月经期、流产手术后等时期，人体比较虚弱，最好不要参加水中健身。

患有眼部疾病和肺部疾病的人不要参加水中健身。水中健身要求人的眼睛和肺部都不能有疾病，否则容易感染。

严重心脏病和严重高血压患者、精神病人、癫痫病人、阴道毛滴虫病和细菌性痢疾患者及下水容易突然晕倒或失去知觉、耳聋的人不适合水中健身，还有其他患有影响别人水中健身等疾病的人最好不要去水中健身。

第三章　水中健身锻炼目标

第一节　水中有氧练习

有氧运动也叫有氧代谢运动，指在运动中糖类、脂肪、蛋白质在氧供应相对充足的情况下分解成二氧化碳和水，并且释放出能量提供运动需要的过程。

有氧运动主要采用全身多处部位、多数大肌肉群参与的活动，如跑步、游泳、健身操、爬山等，运动持续时间最好不少于30分钟，运动强度应在有氧运动的心率范围内。

有氧运动不仅能改善心血管系统功能，增强呼吸系统的功能，提高力量和耐力，增大肺活量，还能够改善能量的利用率，对肌肉的影响也很明显。长期进行有氧运动，可增加肌肉内的糖原和毛细血管含量，分解脂肪，降低血脂，减肥塑身，并且提高骨密度，预防骨质疏松，防止损伤。有氧运动能够提高机体的免疫功能，增强机体抗病能力，改善工作效率。

由于具有这么多好处，有氧运动已经成为都市健身一族的首选运动。在水中进行健身运动，除上述好处外，还能够充分利用水的阻力和浮力增加练习强度，又避免汗流浃背的不便，并可以防止局部肌肉负担过重造成慢性运动损伤。

一、水中行走的练习

行走的练习是水中健身练习的基本动作。下面列举的练习可以根据练习者的情况每组重复20~30次，练习3~4组，每周练习2~3次。

（一）前后行走

练习目的：体会在水中的平衡感，提高身体协调性。可用作热身、整理或过渡练习。

动作描述：身体保持正直，收腹立腰，大步在水中向前行走一段距离后，再后退行走到原处。走路的步频要慢，向前迈腿时，后脚跟先着地，向后退时，前脚掌先着地。

动作提示：可摆臂、手叉腰、抱头、抱臂、背手，分别体会在不同姿态下保持身体平衡、维持姿态的感觉。在后退时，注意不要碰到别人或障碍物，以免碰伤或滑倒。

（二）侧向行走

练习目的：体会在水中的平衡感，提高全身协调性。可用作热身、整理或过渡练习。

动作描述：身体保持正直，收腹立腰，大步在水中向一侧行走一段距离后，再向另一侧行走到原处。两腿先并拢伸直，一腿向一侧分开，同时屈膝成马步；另一条腿向同侧并步，同时伸膝。走路的步频要慢一些。

动作提示：可摆臂、手叉腰、抱头、抱臂、背手，分别体会在不同姿态下保持身体平衡、维持姿态的感觉。在后退时注意不要碰到别人或障碍物，以免碰伤或滑倒。

（三）行走加转体

练习目的：体会在水中的平衡感，提高全身协调性，并可锻炼身体躯干部大肌肉群的力量。可用作热身、整理或过渡练习。

动作描述：两手抱头，身体保持正直，收腹立腰，左腿向前上方迈出时身体向左侧转动，用右肘碰左膝，然后身体转回，另一条腿向前迈出时身体向右侧转动。走路的步频要慢一些。

动作提示：每次迈腿和转体时一侧的肘关节碰触对侧的膝关节。注意不要碰到别人或障碍物，以免碰伤或滑倒。

（四）高抬腿走

练习目的：体会水中的平衡感，提高全身的协调性，并可对下肢肌肉进行适度拉伸。可用作热身、整理或过渡练习。

动作描述：身体保持正直，收腹立腰，左腿向前上方迈出，使膝关节贴近前胸，用两手抱膝，停留 3 秒后放开，腿向前落地，再迈另一条腿，重复抱膝、停留的动作。

动作提示：前腿尽量向上抬，后腿呈后弓步伸展。注意不要碰到别人或障碍物，以免碰伤或滑倒。

二、水中健身操

水中健身操是水中健身活动的主要锻炼形式之一，目前在国内很受欢迎。由于健身操的运动形式活泼多变，组织容易，对场地设施条件要求简单，锻炼效果显著，将音乐、舞蹈、形体塑身、强身健体等流行元素融合在一起，可以满足不同层次人群的诉求，因此很快流行于全国各地。

根据当今世界和我国水中健美运动的发展状况以及未来的发展趋势，按照练习者的年龄、目的、任务、性别，不同类型方法可细分。

例如，根据练习者年龄的不同，可分为少儿水中健身操、青年水中健身操和中老年水中健身操。

根据练习目的和形式的不同，可分为水中形体操、水中瑜伽健身操、水中搏击健身操、水中拉丁健身操、水中太极健身操、水中减肥健身操和水中康复健身操等。

根据是否使用器械，又可分为水中徒手健身操、水中踏板健身操、水中健身棒操、水中哑铃健身操和水中池边健身练习等。

一套水中健身操通常包括 4 个部分，即热身、水中有氧运动、水中肌肉强化练习及柔韧练习。

三、深水练习

在深水中借助一些助浮器材进行的以直立体位为基本姿势的练习称为深水健身练习，主要形式为深水太空行走、跑步等，常用器材为助浮背心、助浮腰带、助浮裤、助浮靴、健身棒等。

由于在深水中双脚得不到固定支撑，身体是悬浮在水中的，因此保持平衡是练习的关键。身体重心的平衡需要肢体之间的相对运动来得到保持，而腹背部肌肉是用力时维持平衡的关键因素。因此，在深水中练习可有效提高腹背部肌肉的力量和耐力。

在陆地上运动时，跑步比行走的运动强度要大，而在水中正好相反。因为在水中行走时肢体是伸直的，阻力大一些，动作也相对难一些，而跑步时肢体弯曲，因此阻力就小一些。

深水中的练习一般采用间歇形式进行。例如，一种练习重复3～4组，每组20～30次，或持续2～5分钟，组间休息30秒左右，随着练习水平的提高可以逐渐增加练习次数或组数。

（一）深水跑步

练习目的：体会在深水中的平衡感，提高全身协调性，提高腰腹及腿部肌肉力量，并可通过控制持续时间改善心肺功能，可用作热身或主要练习。

动作描述：身穿助浮背心或戴助浮腰带，身体保持正直，悬浮在水中跑步。与陆地上的跑步相似，头、胸正直，肩部自然放松。可连续练习2～5分钟。

动作提示：膝关节每次上抬到与水面平行。

（二）深水行走

练习目的：体会在深水中的平衡感，提高全身协调性，提高腰腹及腿部肌肉力量，并可通过控制持续时间改善心肺功能，可用作热身或主要练习。

动作描述：身穿助浮背心或戴助浮腰带，身体保持正直，悬浮在水中行走，与陆地上的走步相似，头、胸正直，肩部自然放松。可连续练习2～5分钟。

动作提示：双腿和双臂保持伸直。适当练习后可加大强度，加大步幅，同时手臂与水面垂直，增大阻力。

（三）抬腿转体

练习目的：体会在深水中的平衡感，提高全身协调性，提高腰腹及腿部肌肉力量，并可通过控制持续时间改善心肺功能，可用作热身或主要练习。

动作描述：身穿助浮背心或戴助浮腰带，预备时身体保持正直，悬浮在水上。左膝边上抬边向身体右侧转动，用右肘碰触左膝，然后还原。两臂和两腿交替进行。可连续练习2～5分钟。

动作提示：躯干保持正直，避免为使肘关节和膝关节接触而俯身。

（四）直腿交叉跨步

练习目的：体会在深水中的平衡感，提高全身协调性，提高腰腹及腿部肌肉力量，特别是躯干转动肌肉的力量，改善腿部和躯干肌肉的灵活性，并可通过控制持续时间改善心肺功能，可用作热身和主要练习。

动作描述：身穿助浮背心或戴助浮腰带，预备时身体保持正直，悬浮在水中。两腿分别向两侧和侧后方向跨步，两臂摆臂方向与前腿方向相反，使躯干转动。两臂和两腿交替进行。可连续练习 2 ~5 分钟。

动作提示：臂腿的动作幅度越大越好。

（五）深水直立交叉腿

练习目的：体会在深水中的平衡感，提高全身协调性，提高腰腹及腿部肌肉力量，特别是腿部旋转肌群的力量，并可通过控制持续时间改善心肺功能，可用作热身及主要练习。

动作描述：身穿助浮背心或戴助浮腰带，预备时身体保持正直，悬浮在水中，两腿略分开。两腿快速进行交叉动作。可连续练习 2 ~5 分钟。

动作提示：采用快频率、小幅度的练习。

（六）深水直立小腿屈伸

练习目的：体会在深水中的平衡感，提高全身协调性，提高腰腹及腿部肌肉力量，特别是腿部后群肌群的力量，可用作热身或主要练习。

动作描述：身穿助浮背心或戴助浮腰带，预备时身体保持直立，悬浮在水中，两腿并拢，利用双臂在体侧划水协助身体保持平衡，大腿与身体保持成直线，小腿弯曲使踝关节上抬接近臀部，然后恢复到直立姿势。可连续练习 2 ~5 分钟。

动作提示：也可以两腿交替练习。

（七）深水腹肌练习

练习目的：体会在深水中的平衡感，提高全身协调性，提高腰腹肌肉力量，特别是躯干转动肌肉的力量，并可通过控制持续时间改善心肺功能，可用作热身或主要练习。

动作描述：身穿助浮背心或戴助浮腰带，双手抱膝，然后再恢复到原来位置。可连续练习 20 ~30 次。

动作提示：为加大难度并增加趣味性，在收腿后可使腿部左右摇摆数次，再伸展，重复进行。

（八）深水臂腿开合

练习目的：体会在深水中的平衡感，提高全身协调性，提高上肢、下肢和腰腹肌肉力量，特别是下肢外展和内收肌群的力量，改善下肢肌肉柔韧性和灵活性，并可通过控制持续时间改善心肺功能，可用作热身或主要练习。

动作描述：身穿助浮背心或戴助浮腰带，预备时身体直立，两腿外分到最大幅度。两臂在胸前伸直，两手掌心相对。两腿内收，同时两臂外展，然后还原到开始姿势。可连续练习 20～30 次。

动作提示：手臂和腿动作幅度越大越好。

（九）深水“V”字跳

练习目的：体会在深水中的平衡感，提高全身协调性，提高上肢、下肢和腰腹肌肉力量，特别是下肢外展和内收肌群的力量，改善下肢肌肉柔韧性和灵活性，并可通过控制持续时间改善心肺功能，可用作热身或主要练习。

动作描述：身穿助浮背心或戴助浮腰带，预备时身体直立，右腿向右前方踢腿，左腿向左后方踢腿，两臂向右前方摆臂。两腿尽可能分开到最大幅度，之后手臂向另一侧摆动，两腿交叉。可连续练习 20～30 次。

动作提示：手臂和腿动作幅度越大越好，躯干尽量保持正直。

（十）其他深水练习

除上述练习外，还可以借助其他器材进行其他形式的练习。例如，可以采用水中健身棒在深水中进行分腿、收腿、大腿、跳绳等多种形式的练习。

第二节　肌肉强化练习

在进行水中健身练习时，肌肉强化练习通常安排在有氧练习的后面，这样可以使要强化的肌肉得到充分的准备，提高练习效果，并预防损伤。

水中进行肌肉力量训练与陆地上进行力量训练有一定的差别。在水中练习，可以使身体各部分肌肉得到更全面、更均衡的练习，同时避免爆发式收缩或伸展，可以保护肌肉组织不受伤害。

在水中进行肌肉强化训练，可以采用徒手练习，也可以根据需要采用一些器械，增加练习强度。通常采用循环练习、间歇练习或重复练习。重复次数、练习强度、间歇时间可根据需要进行调整。

一、上肢肌肉强化练习

（一）前后划水

强化的肌肉：胸大肌、背阔肌、三角肌、肱二头肌、肱三头肌等肌肉。

动作描述：两脚开立或成弓步，两臂一前一后，分别向后和向前划水。可连续练习 20～30 次。

动作提示：手臂的幅度越大越好，身体保持正直，手掌垂直对准划水方向，不要躲水。可以两臂交替划水，也可以两臂同时划水。

（二）两臂侧下压

强化的肌肉：胸大肌、背阔肌、三角肌、肱二头肌、肱三头肌等肌肉。

动作描述：两脚分开站立，两臂侧平举，掌心向下。两臂同时向内下方下压，直至两手在腹部前方合拢，然后再向外上方向展臂，回到开始姿势。可连续练习 20～30 次。

动作提示：手臂的幅度越大越好，身体保持正直，手掌垂直对准划水方向，不要躲水。

（三）飞　鸟

强化的肌肉：胸大肌、背阔肌、三角肌、肱二头肌、肱三头肌等肌肉。

动作描述：两脚分开站立成马步，或两腿交叉，两臂侧平举，掌心向前。手臂位于水面下。两臂同时向内前方合拢，直至两手在腹部前合拢，然后再向外后方展臂，回到开始姿势。可连续练习 20～30 次。

动作提示：手臂的幅度越大越好，身体保持正直，手掌垂直对准划水方向，不要躲水。

（四）环状推水

强化的肌肉：肱二头肌、肱三头肌、腕部屈肌和伸肌等上臂肌肉。

动作描述：两脚分开站立成马步，或两腿交叉，两手掌朝向胸部，指尖相对。保持肩、肘和腕关节水平，只用前臂肌肉使手臂外展至两臂侧平举，然后再向外后方展臂，回到开始姿势。可连续练习 20～30 次。

动作提示：肘关节的位置要固定，不能移动。如果开始感觉有困难，可背靠池壁站立进行练习，用池壁阻挡肘关节移动。外展和内收用同样的速度和力量进行。

（五）下撑池边

强化的肌肉：胸大肌、背阔肌、肱二头肌、肱三头肌等肌肉。

动作描述：站立在池边，面对或背对池壁。两手正扶或反撑池边，手臂向下用力撑池边使身体上升，脚离开池底，然后缓缓回落。根据自己的肌肉力量情况安排练习次数，但不宜安排过多。

动作提示：下落时肌肉要控制，不要借助重力突然下落，避免受伤。

（六）其他练习

利用打水板、划水掌、浮球、池边、专用力量架或橡皮带等简易器械可以增加挡水截面或加大阻力，进行力量训练。练习者可以根据自己的水平和需求，在教练员的指导下进行适当选择。

二、下肢肌肉强化练习

（一）举腿—下压

强化的肌肉：腰腹部肌肉、股四头肌、臀大肌等腿部前群和后群肌肉。

动作描述：身体背靠池边直立，两手侧后撑池边，将一腿缓缓上抬至与水面平行，再缓缓回落到原处。两腿交替练习。

动作提示：身体姿势保持正直，下落时要克服水的浮力，因此要用力。

（二）腿侧举

强化的肌肉：躯干侧面肌肉、腿部外展和内收肌群。

动作描述：站在水中，一手扶池边保持身体稳定，对侧腿向外侧抬起至与水面平行，之后缓缓下落。两腿交替练习。

动作提示：身体姿势保持正直，下落时要克服水的浮力，因此要用力。

（三）侧平转

强化的肌肉：躯干侧面肌肉、腿部外展和内收肌群。

动作描述：站在水中，一手扶池边保持身体稳定，对侧腿大腿上抬至与水面平行，保持这个姿势从外向内转动膝关节，然后再向外转动。

动作提示：身体姿势保持正直，如果髋部曾有损伤或手术，不要做这个练习。

（四）屈膝踢腿

强化的肌肉：屈髋肌群、股四头肌和腘绳肌。

动作描述：站在水中，一手扶池边保持身体稳定，对侧大腿上抬至与水面平行，保持这个姿势将小腿上抬至整个腿与水面平行，然后小腿再屈回到与水面垂直。两腿交替练习。

动作提示：身体姿势保持正直。

（五）小腿屈伸

强化的肌肉：屈髋肌群、股四头肌和腘绳肌。

动作描述：站在水中，手扶池边保持身体稳定，一腿的小腿后屈至与水面平行，然后克服浮力向下伸直。两腿交替练习。

动作提示：身体姿势保持正直，也可以采用坐姿进行小腿屈伸练习，但练习强度要相应降低。

（六）两腿交叉

强化的肌肉：腰腹部肌肉、腿部外展和内收肌群。

动作描述：背对池壁，两手在侧后撑池壁，两腿分开，同时内收使两腿在体前交叉，然后再分开。

动作提示：腿的动作幅度尽量加大，也可以采用坐姿进行交叉练习，但练习强度要相应降低。

（七）其他下肢肌肉强化练习

下肢肌肉强化练习的方法和手段还有很多，许多陆地上的练习也可以“移植”到水中。利用池边、扶梯、练习器材、脚蹼等器械可以增加或降低练习强度或难度。

三、躯干及全身肌肉强化练习

（一）腹肌力量练习

1. 仰卧起坐（图3-1）

动作描述：

（1）仰卧于池边垫上，双腿弯曲，两脚平放于垫上，与肩同宽，双手交叉于脑后。

（2）利用腹肌力量抬起上身至45度，随后慢慢落下。

规范与要求：

（1）躯干伸展，切勿弓背、用头引领上体。

（2）利用腹肌力量带动上体，肘关节展开。

（3）双脚不得离地。

图3-1　仰卧起坐

2. 直角坐撑双腿交叉（图3-2）

动作描述：直角坐撑，两腿左右分开后，左右交叉摆动，反复进行练习。

规范与要求：

（1）上体和双腿呈90度，注意抬头挺胸，两臂后撑伸直。

（2）双腿上下位置交替进行练习。

图3-2　直角坐撑双腿交叉

3. 两头起（图 3－3）

动作描述：

（1）仰卧于池边垫上，双腿伸直并拢，双臂上举伸直，于耳朵两侧。

（2）上体与下肢同时抬起靠近，折叠于垂直地面位置，手触足尖。

规范与要求：

（1）躯干伸展，切勿弓背、用头引领上体。

（2）手臂、躯干、下肢同时抬起，折叠后，同时落下，恢复原始姿态。

（3）举腿有力，膝关节伸直，放下时有控制。

图 3－3　两头起

4. 仰卧腿屈伸（图 3－4）

动作描述：

（1）仰卧于垫上，双手置于脑后。

（2）收腹举腿与躯干呈直角。

（3）屈膝，大腿贴近躯干。

（4）双腿下伸还原成开始姿态。

规范与要求：躯干保持正直，举腿时膝关节伸直。

图 3－4　仰卧腿屈伸

5. 仰卧交替举腿（图 3－5）

动作描述：仰卧于垫上，双手置于脑后，两腿并拢伸直。单腿上举，与躯干呈直角，落腿时脚跟不触垫。

规范与要求：保持双腿伸直，左右腿交替进行练习。

图3－5　仰卧交替举腿

（二）髂腰肌力量练习

1. 躯干扭转练习（图3－6）

动作描述：

（1）仰卧于池边垫上，双腿弯曲，两脚平放于垫上，与肩同宽，双手放于耳侧。

（2）慢慢抬起上体，身体略向左转，左手保持在耳侧，右肘触左膝。

（3）慢慢落下，换方向练习。

规范与要求：

（1）躯干伸展，切勿用头引领上体。

（2）双腿保持不动，左右交替练习。

图3－6　躯干扭转练习

2. 侧卧举腿练习（图3－7）

动作描述：

（1）向左侧卧于池边垫上，左臂上举自然贴地，右臂体前屈扶地，右腿伸直上举45度，左腿伸直贴地于右腿正下方。

（2）右腿保持不动，左腿伸直主动与右腿打击 1 次，回到原位。

（3）左右方向交替进行练习。

规范与要求：

（1）躯干伸展，避免屈髋。

（2）上举 45 度的单腿保持不动，左右交替练习。

（3）双腿打击速度快，有控制地落下。

图 3－7　侧卧举腿练习

（三）背肌练习

1. 俯卧后举腿（图 3－8）

动作描述：俯卧，上体不动，两腿伸直、并拢，尽量后举。

规范与要求：

（1）两腿后举时，注意并拢伸直。

（2）可在练习者脚上方吊个标志物，使练习者的脚尽量接触标志物。

（3）开始练习时，两腿可轮流后举。

图 3－8　俯卧后举腿

2. 两头起（图 3－9）

动作描述：

（1）俯卧在池边垫上，双臂向前伸直，双腿伸直，可自然分开。

（2）上体与下肢同时向上抬起。

规范与要求：

（1）上体与下肢用力均匀，同时起落。

（2）下落过程肌肉有控制。

（3）肩关节展开，手臂高度高于躯干高度。

图3－9　两头起

（四）综合力量练习

1. 俯撑（图3－10）

动作描述：俯卧，手臂撑起，双腿伸直并拢，前脚掌撑地。

规范与要求：

（1）手臂与肩同宽，垂直于地面。

（2）身体保持一条直线（包括头、颈）。

（3）根据个人能力可加做屈肘俯卧撑起。

图3－10　俯撑

2. 立卧撑（图3－11）

动作描述：

（1）直立，下蹲并用两臂扶地。

（2）两腿向后伸出，使身体呈“俯卧撑”姿势。

（3）迅速收回两腿，原地纵跳，呈站立姿势。

规范与要求：

（1）俯撑身体保持一条直线。

（2）动作完成迅速、准确。

图3－11　立卧撑

3. 仰撑（图3－12）

动作描述：仰卧，手臂撑起，双腿伸直并拢。

规范与要求：

（1）手臂与肩同宽，垂直于地面，双手指尖朝后。

（2）身体保持一条直线（包括头、颈）。

图3－12　仰撑

第三节　水中柔韧与放松练习

一、水中健身柔韧性练习

（一）肩、胸柔韧练习

1. 地面转肩（图3－13）

动作描述：

（1）练习者身体呈直角坐于垫上，双手背后互握。

（2）上体前屈，直臂后举，静力拉伸。

规范与要求：

（1）准备姿态应保持挺胸、抬头、立腰。

（2）根据个人实际情况，选择双臂后举高度，循序渐进地进行练习。

图3－13　地面转肩

2. 站立转肩（图3－14）

动作描述：

（1）练习者站立，双臂向后伸直，双手互握。

（2）体前屈至最大幅度，双臂向前放松，靠重力作用静力拉伸。

规范与要求：

（1）准备姿态应保持挺胸、抬头、立腰。

（2）根据个人实际情况，选择双臂拉伸高度，循序渐进地进行练习。

图3－14　站立转肩

3. 颈后拉伸（图3－15）

动作描述：

（1）站立，左臂上伸置于脑后，屈臂，右手握住左臂肘关节并向身体右侧拉伸。

（2）左右两侧交替进行拉伸。

规范与要求：

（1）头颈尽量立直，肩关节伸展。

（2）缓慢均匀用力。

图3－15　颈后拉伸

4. 跪立压肩（图3－16）

动作描述：双腿跪立，上体尽量前屈，使胸、肩接近地面，两臂前伸着地，有弹性地按节奏上下振动压肩部或胸部。

规范与要求：

（1）臀部位置要高，大小腿呈90度，尽量挺胸、塌腰，使肩、胸靠近地面。

（2）可在同伴助力下下压或扳肩、胸腰。

图 3－16　跪立压肩

5. 双人把杆拉伸（图 3－17）

动作描述：

（1）练习者面对把杆，双脚开立，上体前倾，双臂伸直，双手扶把与肩同宽。

（2）辅助者站在练习者侧面，双手按压练习者肩背部。

规范与要求：

（1）练习者挺胸、塌腰、双臂伸直，肩关节韧带充分拉伸。

（2）辅助者一拍一压，反复练习。力度适中，循序渐进。

图 3－17　双人把杆拉伸

6. 双人俯卧地面拉伸（图 3－18）

动作描述：

（1）练习者俯卧于池边垫上，双手向前伸直。

（2）辅助者双脚开立，轻坐于练习者臀部，双手扶肘关节向上缓缓拉起，同时用一侧膝关节顶其肩胛骨中间，双手与膝反方向用力。

规范与要求：

（1）练习者低头，直臂，身体不要抬起。

（2）辅助者膝盖位置正中，不可偏移，双臂用力均匀。根据实际情况循序渐进地进行拉伸。

图3－18　双人俯卧地面拉伸

7. 地面坐立双人拉伸（图3－19）

动作描述：

（1）练习者双腿并拢，身体呈直角坐于垫上，双臂上举。

（2）辅助者站立于练习者身后，双手握练习者肘关节，一侧膝关节顶住其肩胛骨中间，双手与膝反方向弹性用力。

规范与要求：

（1）练习者膝关节伸直，塌腰、挺胸、头微低。

（2）辅助者膝盖位置正中，不可偏移，双臂用力均匀。根据实际情况循序渐进地进行拉伸。

图3－19　地面坐立双人拉伸

（二）腰部柔韧练习

1. 跪立伸展（图3－20）

动作描述：

（1）双腿跪立于池边垫上，双臂上举至三位手位。

（2）分别向后、左、右伸展。

规范与要求：

（1）根据练习者柔韧程度选择双膝开立或并拢。

（2）以腰为轴，最大幅度伸展，切勿塌腰、翘臀。

图 3－20　跪立伸展

2. 跪立旋转（图 3－21）

动作描述：

（1）双腿跪立于池边垫上，双臂前平举。

（2）上体向左平转，左臂侧平举。右臂弯曲，右手置于胸前。左右交替练习。

规范与要求：

（1）上体平转以腰为轴，髋关节保持不动。

（2）转体以最大幅度为限，保持抬头、挺胸、立腰、立背的身体姿态。

图 3－21　跪立旋转

3. 俯卧双人练习（图 3－22）

动作描述：

（1）练习者俯卧于池边垫上，双腿伸直并拢，双臂上举伸直。

（2）辅助者双脚分立于练习者膝关节两侧，双臂伸直与练习者双手相互拉紧，使其上体离地，呈最大背弓姿态。

规范与要求：弹性拉伸，循序渐进。

图3－22　俯卧双人练习

（三）胯、腿柔韧练习

1. 体前屈（图3－23）

动作描述：

（1）练习者双腿并拢坐于池边。

（2）上体前压贴于双腿，动力、静力结合拉伸。

规范与要求：头微抬，双膝紧贴地面，上体伸展。

图3－23　体前屈

2. 纵叉练习（图3－24）

动作描述：双腿分腿贴地，双手于体侧扶地。

规范与要求：

（1）前后腿放正，成一条直线，髋、肩正向前。

（2）配合上体前屈，上身朝向正前，胸腹贴近大腿，最大限度下压，双臂前伸抱前腿。

（3）根据个人柔韧性素质的不同，可调整后腿弯曲度，但保证上身正直。

（4）左右腿依次练习。

图3－24　纵叉练习

3. 横叉练习（图3－25）

动作描述：练习者双腿横向打开坐于垫上。上体尽量向前屈，双臂前伸贴于垫上。

规范与要求：

（1）双膝伸直，向两方延伸。

（2）上体及髋关节放正，贴于地面。

图3－25　横叉练习

4. 仰卧双人辅助压前腿练习（图3－26）

动作描述：

（1）练习者平躺于池边，双腿并拢。

（2）左腿垂直上举，双膝伸直。辅助者单膝跪地，左手压住练习者右腿膝关节，右手扶住练习者左脚踝关节，向前上方用力，前压腿至最大限度。换腿练习。

规范与要求：

（1）身体与髋关节放正，双膝伸直，髋关节放松。

（2）辅助者柔和用力，循序渐进地进行拉伸。

图 3－26　仰卧双人辅助压前腿练习

5. 侧卧双人辅助压侧腿练习（图 3－27）

动作描述：

（1）练习者侧卧于垫上，左臂伸直贴于垫上，右臂弯曲于体前扶于地上，双腿并拢伸直。

（2）辅助者单膝跪地，左手扶住练习者左腿膝关节，右手握住右脚脚踝，用力向头部下压。

规范与要求：

（1）练习者双膝伸直，髋关节放松，动力腿膝盖、脚背外展向上。

（2）辅助者柔和用力，循序渐进地进行拉伸，左右腿交替进行练习。

图 3－27　侧卧双人辅助压侧腿练习

6. 跪立双人辅助压后腿练习（图 3－28）

动作描述：

（1）练习者跪撑于池边垫上，双腿并拢，双臂与肩同宽。

（2）练习者将左腿架于辅助者的肩上，辅助者双手从后面压住练习者髋关节，使其左腿尽量向上抬起。

规范与要求：

（1）练习者挺胸、抬头、直膝，支撑腿大腿始终与地面垂直。

（2）辅助者柔和用力，循序渐进地进行拉伸，左右腿交替进行练习。

图3－28　跪立双人辅助压后腿练习

7. 仰卧顶髋练习（图3－29）

动作描述：

（1）仰卧平躺于池边，双腿并拢屈膝，双脚踩地，双手手心向下扶地，自然置于体侧。

（2）向上顶髋展腹，保持一段时间后还原；双脚开立，重复同样动作。

规范与要求：

（1）顶髋时，肩、头着地，全脚掌踩地。

（2）顶髋展腹充分，还原时缓缓进行，循序渐进，量力而为。

图3－29　仰卧顶髋练习

8. 地面踢腿练习（图3－30）

动作描述：

（1）前腿：仰卧，双腿并拢伸直，双臂侧举伸直。单腿向正上方直腿摆起，还原。

（2）侧腿：侧卧，双腿并拢伸直，单臂撑于胸前，单腿向上直腿摆起，还原。

（3）后腿：跪撑，双臂与肩同宽，双腿并拢准备。单腿直腿向后摆起至最高点，还原。

规范与要求：

（1）踢前腿及侧腿要求双膝伸直，保持躯干姿态不动。踢后腿时，要求动力腿在空中摆动时伸直，主力腿大腿垂直于地面。

（2）柔韧拉伸结束后，左右腿交替进行踢腿练习。

图 3－30　地面踢腿练习

二、水中健身的放松拉伸

放松练习常常被忽略。事实上，放松练习绝不是可有可无的，而是非常重要的，不仅可以帮助练习者尽快消除疲劳，还可以为后面的练习做好准备。

放松练习尽量采用俯卧或仰卧的姿势，利用一些助浮器材或由同伴帮助身体漂浮，促进血液向心脏回流。

（一）局部松弛练习

1. 臂部松弛（图 3－31）

动作描述：

（1）双脚起踵站立，两臂上举。

（2）单臂或双臂利用上肢重力松弛落下，同时脚跟下落站立。

规范与要求：臂部各关节及肌肉群放松，从手指指尖开始，腕、小臂、大臂依次放松下落。

图 3－31　臂部松弛

2. 胸部松弛练习（图3－32）

动作描述：

（1）右脚站立，两脚前点地，挺胸站立，两臂后斜上举。

（2）重心前移呈右腿半蹲站立，左腿屈膝后点地，同时胸部松弛，含胸、低头，两臂自然下垂。

规范与要求：胸部放松，结束时，头和背的上部呈弓形；可跪立完成。

图3－32　胸部松弛练习

3. 腰部松弛练习（图3－33）

动作描述：

（1）前：双腿伸直并立，腰部放松，向前含胸低头，两臂自然下垂。

（2）后：双腿伸直并立，腰部放松，利用上体重力向后下腰，两臂放松下垂即可。

（3）侧：双腿伸直并立，腰部放松，利用上体重力向侧下腰，两臂放松下垂即可。

规范与描述：腰部放松，动作结束时，整个躯干及头部呈弧形。

图3－33　腰部松弛练习

4. 小腿后屈拉伸练习（图 3－34）

动作描述：

（1）并腿站立。

（2）双手体后抱住单脚脚踝。

规范与要求：

（1）双膝并拢，后屈小腿尽力向大腿折叠。

（2）控制一段时间后，换腿进行练习。

图 3－34　小腿后屈拉伸练习

（二）全身性松弛练习（图 3－35）

动作描述：

（1）两脚提踵站立，两臂上举。

（2）从身体最高部位（指尖）开始，自上而下松弛各个关节呈蹲立姿势。

规范与要求：各关节依次放松下沉。

图 3－35　全身性松弛练习

第四节　水中减肥的练习

一、水中行走与跑

通过各种形式的水中行走与跑的练习来提高练习者各关节的柔韧性与肌肉力量，有利于矫正练习者骨盆过度前倾。此外，还可以提高练习者呼吸循环系统的功能，达到进行有氧练习的目的。

（一）大步行走

方法：脚跟着地后，全脚掌接触池底大步行走。开始时，可以扶池壁行走，熟悉后再进行池中练习。

（二）倒退行走

方法：先抬脚尖，然后用脚跟推池底向后方送出。上体微后倾，收腹行走。

（三）侧向行走

方法：髋关节向一侧尽可能展开，身体保持正直，两手在体侧与脚的迈步同时进行开合动作，保持身体平衡。

（四）高抬腿行走

方法：大腿尽可能高抬，两手用手掌在体侧划水保持平衡。

（五）体侧转行走

方法：行走时，尽量高抬向前迈出的腿，与异侧肘关节相触。

（六）水中跑步

方法：身体重心前移，两手握拳，全脚掌着地并蹬地，水平提高后速度逐渐加快。

（七）后踢腿跑

方法：小腿折叠，尽可能后踢至臀部。

（八）抱膝跑

方法：两手抱膝关节以下小腿上部。

（九）上体侧倒退行走

方法：两手抱在头后，倒退行走时，高抬向前迈出的腿，用异侧肘部触碰迈出腿的膝部。

（十）倒退跑步

方法：两手在体侧摆臂控制平衡。水浅时，可屈膝降低重心倒退跑步。

（十一）水中跳跃

方法：动作与兔跳相同。两手在体侧前后摆臂控制平衡，熟悉后落地时可将头部沉入水中。

（十二）划臂转体

方法：两脚并拢蹬池底，身体跳起后两臂在体侧划水，两腿屈膝，向左（右）转髋，每跳1次转1次。

（十三）分腿跳

方法：两臂放在体侧，两腿开立比肩稍宽，两脚呈外“八”字形跳跃。

（十四）跳转体

方法：两臂放在体侧控制平衡，两脚蹬池底跳起后向左右交替转体90度、180度、360度。

（十五）抗阻行走（持板）

方法：双手持打水板立于水中，推板抵抗阻力行走。

（十六）转体行走（持板）

方法：双手持打水板平放于水面，上体向左右交替转体行走。

（十七）屈髋转体

方法：两臂在体侧划水，两髋屈90度，身体浮起后向左右交替转髋。

二、水中柔韧练习

通过各种形式的水中柔韧练习来改善机体各部分的柔韧性，通过提高肌肉、韧带与关节的柔韧性，矫正骨盆过度前倾，达到缓解腰疼的目的。

（一）引　膝

方法：坐在池中或背靠在池边，单腿屈膝，两臂抱小腿尽力向胸前引。

（二）转　髋

方法：侧立于池壁旁，单手扶池边，同侧腿站立，异侧手叉腰，屈膝由前向后做大幅度转动。

（三）爬楼梯

方法：两手抓住池壁，两脚脚掌触池壁，两膝尽力伸直，做类似上下爬楼梯的动作。做动作时要深呼吸。

（四）体侧展

方法：侧立于池壁约 1 步处，单手扶池边，双腿站立，异侧臂上举做体侧运动。

（五）伸　肩

方法：①面对池壁，两手扶池边，两腿开立屈髋，上半身弯曲 90 度做上下振动拉肩；②背对池壁，两手扶池边，两腿开立，逐渐屈膝下蹲拉肩。

（六）腰部伸展

方法：两手抓池边的栏杆，身体俯卧于水面，两腿并拢，以腰为支点做左右摆动。

（七）大腿部伸展

方法：面对池壁，两手扶池边，单腿站立，另一腿伸直蹬池壁，上体前倒拉伸大腿后部韧带、肌肉。

（八）伸　踝

方法：身体正直，单腿站立，另一腿伸直前抬至 90 度做屈、伸踝动作。

三、水中肌肉力量练习

以发展腰腹部肌肉力量为主，通过练习提高全身肌肉力量水平。

（一）吸踢腿

方法：单手扶池壁，单手叉腰，扶池壁一侧腿站立支撑，异侧腿先屈膝抬至90度后再前踢伸直。

（二）举　腿

方法：背对池壁，两臂侧展，双手扶池壁，两腿屈膝抬至90度时再伸直。

（三）划推水

方法：两脚开立，与肩同宽，两手用手掌做划推水动作，由前向后划水时双腿由屈伸直，由后向前推水时双腿由直变屈。

（四）蹲　起

方法：两脚开立，与肩同宽，两手十指交叉于头后，做蹲起动作。

（五）单腿后抬

方法：面对池壁，两手扶池边，单腿屈膝120度支撑，异侧腿屈膝、勾脚尖后抬至臀部。

（六）池壁推起

方法：面对或背对池壁，双手支撑于池边，做屈伸动作。

（七）池边吸踢腿

方法：坐于池边，单腿先屈膝抬至90度后再前踢伸直。①两脚开立，与肩同宽，脚尖外展，两手持打水板在水中做上下移动动作；②两脚并拢站立，两手持打水板由体前大腿部抬至水面，再由水面下压至大腿部；③两脚并拢站立，两手持打水板于体侧，做上下移动动作。

四、水中有氧练习

可在水中健身操中适当选择一部分进行练习。

五、水中整理练习

充分利用水的浮力，在练习中多采用漂浮特别是仰面漂浮动作的练习，调节、放松练习后的身体各部位的紧张状况，以达到神经、肌肉放松的效果。练习可采用单人或双人等形式。

（一）仰 浮

方法：两手持打水板抱于胸前，两腿放松伸展做仰面漂浮动作。此动作也可以与放松踢水结合进行，或两脚套小浮圈进行。

（二）仰浮（双人练习）

方法：一人做仰浮，另一人做辅助，辅助者一手托仰浮人的颈部，另一手托仰浮人的腰部慢速移动。

（三）漂浮（双人练习）

方法：一人两臂屈肘双手抓住池边做漂浮，另一人做辅助，辅助者手握漂浮者的踝部向左右轻轻摆动。

（四）挂水线漂浮

方法：①两腿屈膝放在水线上，两手抱打水板放在头后做仰浮动作。②两腿屈膝放在水线上，两手侧展做仰浮动作。

（五）抱膝漂浮

方法：两手抱膝，低头做团身漂浮动作。

（六）水母漂浮

方法：两臂自然下垂，两腿微屈，低头做漂浮动作。

第四章　水中健身教学

第一节　水中健身教学内容与教学任务

一、水中健身教学内容

水中健身教学包括理论教学、技术教学和能力培养三个方面内容。

（一）理论教学

理论教学是通过理论讲授、课堂讨论、教法作业以及电化教学（看录像、幻灯片）等形式，使学生掌握水中健身的特点和内容、水中健身发展简况、水中健身动作术语、水中健身教学法、水中健身一般动作的技术原理、水中健身组合及成套动作的编排方法、水中健身比赛的组织与裁判方法等方面的系统理论。

（二）技术教学

技术教学的任务是通过练习使学生掌握水中健身动作的方法、要领及教学方法；培养学生正确的身体姿势，塑造健美形体；提高学生各种身体素质等。在技术教学中贯穿理论知识的讲解，促进学生加深对理论的理解和动作技术与教法的掌握；采用各种方法培养学生各种能力。根据课的结构技术教学内容分为以下几部分。

1. 准备活动

技术教学的准备活动以活动身体、使身体发热、增加身体各部位的运动幅度、培养正确姿态、恢复动作技术中正确的肌肉用力感和器械感、调动学习的积极性，为完成基本部分的任务做好体力、技术、心理准备为主要目的。技术教学的准备活动时间：一般陆上练习 5 分钟、水中热身 15 分钟，共持续 20 分钟。根据学生的基础和技术教学的任务，选择学生曾经学过的动作，重新组合、编排成准备活动的练习。准备活动的具体内容包括以下几个方面。

（1）徒手动作；原地和行进间交替进行各种走、跑、舞步、躯干弯曲以及各种踢腿、小跳、大跳、转体、平衡动作。

（2）坐、卧、撑在池面上进行身体基本姿态练习、身体各部位柔韧性练习、腰背和肩带力量练习。

（3）手扶池边进行身体基本姿态练习，增强下肢和腰部动作幅度、灵活性、力量和控制力的练习。

2. 基本部分

技术教学基本部分的练习应围绕本次课的基本教材而设计，包括以下内容。

（1）徒手练习：各类型单个动作、联合动作及组合成套动作练习。

（2）持打水板、水中健身棒、水中哑铃等轻器械完成基本动作、联合动作及组合成套动作练习。

（3）扶池边进行的舞蹈基本功练习。

（4）水中搏击操、水中瑜伽、水中踏板操等拓展项目基本动作及组合练习。

（5）集体成套动作的队形练习，集体配合的动作练习以及完整的集体成套动作练习。

（6）提高身体的柔韧性、灵活性、灵敏与协调性、力量、弹跳力、平衡控制力等方面的专门练习。

以上各类动作的练习应在音乐伴奏下进行。要完成基本教材教学还需要经过一系列的教学步骤，通过辅助练习、分解练习逐步掌握完整动作技术，这也是水中健身教学中不可缺少的内容。

3. 结束放松

在进行了较长时间或较大强度的水中健身动作之后，需要通过放松动作使紧张的肌肉和心理放松下来，以消除疲劳，恢复体力。常用的放松方式有以下几种。

（1）局部按摩放松肌肉。

（2）做缓慢的伸抗性练习放松肌肉。

（3）以弹动和抖动为核心动作，组成轻松、活泼的放松操，放松身体。

（4）配合呼吸进行放松，如吸气时两臂向上、身体充分伸展；呼气时两臂放松下摆，同时由下至上身体各环节依次放松前屈。

（5）用水中瑜伽的理论、意念放松身体。

（三）能力培养

能力培养是水中健身教学的内容之一，应根据水中健身项目的特点，结合理论教学与技术教学进行。

参加水中健身的运动者，不但要掌握动作的方法、要领，懂得水中健身基本知识，而且要具有看书自学水中健身动作的能力，进而能够运用所学的动作素材自编成套动作，自己练习或指导他人练习。

在培养水中健身师资、人才的工作中，不仅要让他们系统掌握水中健身理论和动作技术，而且要采用多种方法培养他们的实际工作能力。例如：

（1）在技术教学中让学生自己听音乐口令练习、回答问题、运用生物力学的知识分析动作要领和错误的原因。

（2）进行部分课和全课的教学实习，学会备课、写教案和组织教学。

（3）完成用文字和简图记写成套动作的作业。

（4）完成制定教学文件的作业。

（5）独立创编不同类型准备活动成套练习，独立创编组合成套动作，并且在教学实习中教会全班同学。

（6）完成用生物力学的方法分析水中健身动作技术的作业。

（7）参加水中健身表演或比赛活动。

（8）担任水中健身比赛的辅助裁判或执行裁判。

（9）面向社会，承担水中健身动作的教学、辅导和表演、比赛的组织工作。

二、水中健身实践课的教学任务

水中健身是由体育、舞蹈、音乐相结合的徒手和持器械运动。在水中健身教学中必须体现以上三个方面的教育功能。依据《教育大辞典》关于课程目标的分类，在水中健身教学中按照教学进度、教材特点以及学生实际情况，制定以下具体教学任务。

（一）认识类

（1）初步建立水中健身动作的正确概念。

（2）掌握水中健身动作的技术原理。

（3）初步掌握创编成套水中健身动作的一般规律。

（4）学会识别音乐节奏。

（5）初步掌握水中健身动作与音乐配合的技巧。

（6）初步掌握提高专项身体素质的理论与方法。

（7）增强自我保健意识，了解自我保健常识。

（二）技能类

（1）初步掌握水中健身动作节奏与创作方法。

（2）掌握水中健身动作技术细节。

（3）改进单个水中健身动作或连接动作技术。

（4）提高水中健身动作的熟练性。

（5）加大水中健身动作幅度的表现力。

（6）增强音乐感、节奏感。

（7）提高水中健身动作与音乐配合的一致性。

（8）增强柔韧、协调、弹跳、力量、耐力等身体素质。

（9）纠正错误的身体姿势。

（10）塑造健美形体。

（11）掌握水中健身运动后恢复的常用方法。

（三）情感类

（1）培养对水中健身的兴趣。

（2）培养刻苦精神和顽强的意志品质。

（3）加强组织纪律性教育。

（4）培养认真细致、精益求精的工作作风。

（5）增强自信心。

（6）培养集体主义精神，增强合作意识。

（7）增强竞争意识。

（8）增强责任感与事业心。

（9）培养水中健身动作中的情感表现力。

（10）树立正确的审美观。

（11）培养创造性的思维方式。

（四）应用类

（1）培养灵活应用水中健身动作素材、随意创新编排组合的能力。

（2）初步掌握创编水中健身组合动作的方法。

（3）初步掌握水中健身成套动作的创编方法。

（4）初步掌握创编水中健身表演动作、组织表演活动的方法。

（5）培养语言表达能力。

（6）培养指挥配音练习的能力。

（7）培养分析和解决问题的能力。

（8）培养自我评价和相互评价的能力。

（9）提高对优美、高雅等美学特征的鉴赏能力。

（10）提高水中安全意识。

第二节 体育教学原则与方法在水中健身教学中的运用

体育教学原则与方法是在长期的体育教学实践中总结出的客观规律，对体育教学具有普遍的指导意义。在水中健身教学中，应结合水中健身项目的特点，灵活运用各种体育教学原则与方法。

一、水中健身教学的原则

（一）教师主导作用与学生自觉性相结合的原则

水中健身教学过程是教师与学生相结合的双边活动，师生双方的自觉性与积极性是决定教学效果的重要因素，缺一不可，其中教师积极的主导作用更为重要。教师不仅要有很强的事业心，精通水中健身理论、技术和教学方法，还要善于启发、诱导和调动学生的积极性。

（1）教师要以自身的敬业精神、认真负责的工作态度、良好的教学效果、丰富的知识、耐心细致的教态和有条理的教学组织去教育和感染学生，赢得学生的尊敬，同时要向学生讲解水中健身的锻炼价值、开展水中健身的意义，使学生树立正确的学习动机和端正积极的学习态度。

（2）教师在教学中处处以“美”为准则，以自己的言行、仪表美感染学生，以情绪饱满、谈吐高雅、举止大方、示范动作准确优美、服饰整洁合体等给学生树立良好形象，提高学生对水中健身的兴趣。学生通过亲身实践，感受水中健身中的姿态美、动作美、音乐美、情感美，进而产生浓厚而稳定的兴趣，使学生在水中健身运动中积极主动地追求美、表现美，把努力学习变成自觉的行动。

（3）教师要认真执行教学大纲、教学计划，认真钻研教材、教法，深入了解学生情况，在教学中从实际出发，抓住重点和难点，熟练运用教法，提高教学效果。

（4）教学中采用互相观摩、互教互学，经常进行必要的检查，对学生的进步给予充分肯定，并指出不足之处，使学生对自己的学习和进步充满信心，从而有效提高学生学习的积极性和进取精神。

（5）教学相长，教学中没有学生的积极自觉学习，教师的讲授就不可能取得预期效果。教师要有学而不厌、诲人不倦的精神，不断以新知识充实自己，把最新研究成果运用到自己的教学实践中，尽量做到科学化，体现先进性。在课堂上要仔细观察学生，善于发现学生练习中迸发出的艺术火花和独创精神，并给予积极的培育和鼓励，善于从中得到启发，从而不断地改进教学。

（二）直观与思维相结合的原则

其是根据人们对客观事物和现象的认识规律提出来的教学原则。学生通过看示范、听讲解、做练习感知动作的技术，并通过思维活动对感知到的时间、空间、用力程度、用力节奏进行分析对比，强化正确的感觉意识，使之建立正确的动作概念。在贯彻这一原则时应注意“看”“听”“练”与“想”相结合。

（1）“百闻不如一见”，教师的示范动作是最生动的直观教学。为了使学生建立正确的动作概念，示范动作必须做得准确、优美、规范并且富于表现力，这对强化动作要领、迅速掌握动作技术具有十分重要的意义。为了加强示范效果，教师应当在示范动作前告诉学生重点看什么，启发学生“看”与“想”相结合；在教学中采用正误对比的示范方法，启发学生主动思考，积极地进行分析、对比、判断等思维活动，加深对技术的理解，提高分析问题的能力。为了扩大学生的知识面，弥补教师示范的不足，还可采用图片、幻灯、录像等直观教学手段，让学生接收更多的图像信息。

（2）生动、形象的讲解既有直观作用，又能启发思维活动。教师在教学中运用生动、形象简明、易懂的语言进行动作方法、要领、规格要求以及用力技巧的讲解或提示，有助于加深学生对正确动作技术的理解。在讲解中通过教师对韵律、意境的描述，能够启发学生的想象力和表现力，使其积极地进行思维活动，发展其创新精神。

（3）“想”“练”结合。当学生看完示范、听完讲解并初步建立起动作形象的概念之后，只有通过反复练习才能真正掌握动作技术。在练习中，每次练前要有明确的目标；练习中保持清醒的头脑，努力按正确要领完成动作；练后要找出不足，仔细观察同伴的动作，进行分析对比，想想下次该怎么做。运用“想”“练”结合的方法能够深入地理解动作原理，快速掌握动作技术。

（三）循序渐进的原则

水中健身项目内容繁多，在教学内容、教学顺序以及运动量的掌握、能力的培养等方面都要贯彻循序渐进的原则。

（1）教材的安排应由易到难、由简到繁、由单动作到组合成套动作、由基本动作到难度动作，逐步提高。在教学内容的搭配上，既要考虑分类系统教学的纵向关系，又要考虑各类动作技术和各项身体素质相互迁移的横向关系。在教材衔接上要承前启后，使先学动作成为后学动作的基础，不断扩大教材的深度和广度，使教材具有系统性、科学性和循序渐进性。

（2）教学步骤一般应按照由徒手练习到持轻器械练习、由原地练习到行进间练习、由局部动作到全身动作、由慢节奏到正常节奏、由单动作到联合动作、由联合动作到组合成套练习、由口令指挥练习到配合音乐伴奏练习这样一个循序渐进的教学程序进行。

（3）课的运动量大小与一次课中完成的动作数量、动作时间、动作难度、动作密度、负荷强度成正比。水中健身教学课的运动量大小要根据学生的身体素质、技术水平和身体状况确定，一般应由小到大，大、中、小相结合，按照适应—加大—再适应—再加大的规律，有节奏地逐步增加，不可操之过急。

（4）对学生能力的培养要作为重要的教学任务和教学内容贯穿教学的始终，并随着教学内容的不断增加而不断深化。学生各种能力的培养也要由易到难逐步增加内容，加大培养力度，使之能够与技术水平、理论水平达到同步增长。

（四）身体全面发展的原则

水中健身动作类型多，各类动作对身体有着不同的锻炼价值。教学中必须考虑各类动作的技术特点和锻炼价值，合理地安排教学内容，使学生在全面掌握各类动作技术的同时，身体也得到全面发展。其具体操作时应注意以下几点。

（1）在制定教学大纲进度时，应注意各类动作的均衡搭配，使学生全面掌握各类动作技术。

（2）在安排每次课的内容时，既要突出本次课的重点，又要注意使身体各部位的动作交替进行，使各项身体素质得到均衡、协调的提高。

（3）考核对教学起着检查促进作用，在确定考核项目和内容时应考虑全面发展身体的因素，考核内容应包括各种项目及各类型基本动作技术，使学生在复习考核动作的过程中，各种身体素质、身体机能和各类动作技术得到全面提高。

（五）巩固与提高相结合的原则

从动作技能形成的规律来看，学生初步掌握的动作技术和技能，只有通过不断巩固和提高，使其进一步完善和深化，在大脑中牢固地建立动力定型，才能够在运动实践中运用自如。因此，在水中健身教学中必须贯彻巩固与提高相结合的原则，并注意以下几点。

（1）每个动作必须有足够的练习时间，使正确技术在练习中得到多次重复，从而在大脑皮质中建立牢固的动力定型。

（2）水中健身动作在实际应用中不是一成不变的，要使运动技能在千变万化的组合成套动作中稳定地表现出来，就必须在练习中变换方式，通过改变动作的开始、结束姿势改变动作速度、节奏、力度和连接技术，使已获得的运动技能适应各种条件的变化，逐步达到运用自如。

（3）水中健身是以组合成套的形式进行练习的。将已掌握的各种单个动作按音乐节奏有机地编排成结构完整的组合成套进行练习，能够有效地增强练习者的协调性、韵律感和表现力，使已掌握的运动技能得到更进一步的巩固和提高。

（4）通过考核、表演或教学比赛等形式，促使学生对已学过的水中健身动作进行系统复习，提高熟练性。这是巩固和提高运动技术最有效的教学环节和方法手段。

二、水中健身动作的教学方法

教学方法是教师在教学过程中为了完成向学生传授水中健身知识、技术、技能，发展与专项有关的各种能力等教学任务而采用的措施和方法。水中健身技术教学的方法很多，一般可归纳为以下几种方法：完整法与分解法、语言法、观察法、练习法、助力法、重复法等。

（一）完整法与分解法

1. 完整法

完整法是指教师对所学动作进行完整教学，完整地讲解、示范、练习，使学生建立正确的完整动作概念。完整法广泛应用于那些对学生的技术水平来讲相对简单易学的动作。

2. 分解法

分解法指教师对所学动作，按其技术环节分成几个可以单独练习的部分或段落来进行分解讲解、分解示范、分解练习。分解法可使复杂的动作简单化，有利于学生掌握各个环节的技术细节。但分解法运用之后，还要进行完整动作的练习。分解法适用于复杂的单个动作及组合成套动作的教学，在纠正错误和提高动作质量时也广泛运用。

在水中健身教学中，完整法与分解法通常是紧密结合、交叉使用，并且贯穿在其他教学方法中。

（二）语言法

语言法运用于水中健身教学中体现为讲解、口令和提示等方法。

1. 讲　解

教师运用语言向学生说明教学任务与要求、动作名称、动作方法要领、练习方法、纠正错误及进行思想教育等。

（1）讲解的基本要求。

①讲解的目的要明确、有针对性。根据课的不同任务、不同的教学阶段、学生的不同情况，确定讲什么、怎样讲，使之有的放矢，取得良好的讲解效果。

②要有科学性。所讲的内容要观点正确，术语运用准确，层次清楚，语言简练；

要反映新的、先进的信息，要合乎逻辑，使学生建立正确的动作概念。

③要有启发性。在讲解时要引导学生在已知的基础上从回忆、联想、比较、分析、综合中获得新的知识。在讲解中结合必要的提问，使学生随着教师讲解的思路思考问题，通过对比、分析，启发学生积极思考；通过归纳演绎、举一反三，启发学生创造性的思维活动，提高学习的兴趣。

④要讲求艺术性。讲解是一种有声的示范。讲解语调的抑、扬、顿、挫，语言的轻、重、缓、急，都要充分体现水中健身动作的韵律特点，辅以手势和眼神，更增加了讲解的生动性。讲解时语气要和蔼可亲；语意的肯定与否定表达清楚，使学生易于接受；讲解时，比喻要恰当。

（2）讲解的方法。根据不同的目的、任务及要求，应采用不同的讲解方法。

①完整讲解：在进行完整教学时，要从动作开始到结束进行完整讲述。

②分解讲解：在进行分解教学时可按动作结构或身体部位，分别讲解身体动作和轻器械技术。

③重点讲解：根据教学的任务，可对单个动作的某一技术环节或成套动作的某一部分做重点讲解。

④正误对比讲解：教学中通过对正确的动作技术与错误的动作技术进行对比分析，使学生加深对正确技术的理解，明白错误出在哪里，达到纠误目的。

（3）讲解的时机和位置。

①要掌握好最佳讲解时机。在学习新动作或大多数学生出现相同的错误必须纠正时，要对集体进行讲解；当个别学生对动作不清楚，出现错误必须纠正时，要对个别学生进行讲解；当学生完成动作有进步时，要做肯定的评价。在学生进行练习中，不宜过多地讲解。

②讲解时，要站在适宜的位置，声音洪亮，使所有学生都能听到。根据队形和动作特点选择合适的位置，尤其在讲解与示范相结合时要多采用正面和侧面讲解，少用背面讲解。

2. 口令和提示

在水中健身教学中采用口令组织学生进行队形、单个动作以及联合动作、成套动作练习。在练习中，运用简短的语言提示动作节拍和要领，纠正错误，能够有效地加快掌握动作技术的速度。

（1）口令：在水中健身教学中，除了使用队列条例中的队列口令之外，还使用体操中的队形练习口令。在运用口令指挥练习或初配音乐做动作时，常辅以节拍口令。这种口令要根据音乐和动作的节奏来喊。例如，“1、2、3、4”“1 嗒 2 –、3 嗒 4 –”“1 嗒嗒、2 嗒嗒”等。口令的语调要根据动作力度和韵律节奏进行调整，也可用击掌声代替口令指挥动作，在配合音乐伴奏做动作时，击掌的节奏必须与音乐的节奏吻合。

（2）提示：在学生练习水中健身动作时，教师通过简短、明确、生动形象的语言信号给予及时指导和提醒是常用的教学方法。一般用于以下几种情况。

①提示动作连接顺序：为帮助学生记忆成套动作，在前一个动作即将结束时，及时提示下一个动作或连接方法，如“5、6 出右脚”“1、2、3 转”等。以上方法用在学生对动作组合不熟悉、需要帮助掌握动作节奏和连接顺序时。

②提示动作要领或动作质量：为了提高动作的准确性、轻巧性，加大动作幅度，常在口令中或配音练习中加提示，如“1、2 向远伸”“5、6 向左划水”“站稳”“注意划水效果”等。这些语言提示的信号必须在即将做动作的瞬间发出，这样才有可能取得理想的效果。

（三）观察法

在水中健身教学中，学生通过看示范动作、看图片、看动作录像等方法能够获得生动、逼真的动作形象。

1. 示范法

教师以准确的动作示范向学生演示动作形象、结构、要领和方法，使学生获得清晰、具体的动作形象，有利于激发学生学习兴趣，使其更真切地模仿动作，更快地建立正确的动作概念。

（1）示范的要求。

①示范要有目的性。要根据教学的具体任务确定示范的目的、任务、方法及观察重点。例如，为了让学生掌握动作细节，采用重点示范的方法，配合必要的语言提示，让学生随着教师的思路看得更清楚，从而加强示范的效果。

②示范动作要力求动作正确、姿态优美、节奏鲜明、富有表现力，使学生能够清楚地看到正确动作的完美形象和技术规格。

（2）示范的方法。

①完整示范：在进行完整的单个动作或成套动作教学时，采用从预备姿势到结束姿势整个动作过程的完整示范。

②分解示范：在分解教学中，按教学步骤，示范动作的某个部分或身体某一部

位的动作。例如，示范转体的起动动作、示范腿的动作。

③重点示范：根据动作教学过程或纠正错误的需要，重点示范动作的某一技术环节或成套中的几个动作的连接技术。

④领做示范：在初学单个动作或组合动作时，领做是必不可少的教学方法。教师在陆上领着做，学生在水中模仿或跟着一起做。领做具有示范和提示的双重作用。

⑤正误对比示范：由教师或指定学生做示范，既演示正确动作，又演示错误动作，并且进行对比分析，让学生知道错在哪里。其常用于纠正错误时。

各种示范都可根据需要采用放慢速度的方法进行，配以必要的讲解，让学生看清楚技术细节，或按正常速度示范，让学生建立正确的动作概念。

（3）示范的位置和方向。示范的位置以让学生看清楚为原则，示范面要根据动作规定，肢体左右移动的动作采用镜面示范，肢体前后移动的动作采用侧面示范。领做一般采用背面示范，教师应站在陆上领做，当动作方向改变时，教师要及时用口令提示。

2. 图示法

利用水中健身的动作图解、动作照片、动作路线示意图或队形变化示意图进行教学，可以弥补讲解的不足，有助于学生对身体各部位姿态、动作的技术规格、身体与器械配合的技术细节以及水中移动方法与效果的理解，有助于提高学生学习的积极主动性。

3. 电化教学法

科学技术的发展为水中健身教学提供了现代化的教学手段。教师可利用幻灯片、录像、电影等手段进行形象化教学，这些手段能够弥补示范动作的不足，能够传达更多的技术信息。例如，播放水中健身成套动作的教学片，或将自己编的动作录下来进行分析，采用重放、慢放、定格等操作，使所要观察的动作形象更加清楚。这些方法有助于加速学生掌握动作技术，开阔学生眼界，使学生了解更多的技术信息，丰富学生专业知识，增加其学习兴趣。

（四）练习法

练习法是有目的地多次重复单个动作、组合成套动作的方法，是贯穿在教学全过程中的非常重要的教学方法。

1. 练习的方法

根据水中健身教学任务和动作技能形成的规律，常采用以下方法进行练习。

（1）完整练习法：按照单个动作或联合动作的结构、顺序和节奏，从动作开始到结束进行全过程的练习。

（2）分解练习法：把比较复杂的单个动作按其技术环节分为几个可以单独练习的部分，或将组合成套动作分为几段，分别进行练习，掌握各部分技术，最后再合成，完整地掌握动作。

（3）重复练习法：按照动作的正确技术，反复进行单个动作、联合动作、分段式或成套动作的练习，目的在于巩固动作技能。

（4）累积练习法：在单个或分段练习之后，采用逐个或逐段连接、累积成套的方法。例如，一套操分为四段，可从第三段开始接第四段，再从第二段开始接第三、四段，最后从第一段开始串联成套；也可分别串联第一、第二段和第三、第四段，再将两大段串联成套；还可以先串联第一、第二段，再加第三段，最后加第四段串联成套。

（5）成套练习法：指按照成套编排的动作顺序、方向、路线（队形变化）从头至尾连续完成的练习方法。

2. 练习的形式

根据练习的目的、场地大小、学生人数、动作特点、练习时间及运动量的要求等因素确定练习形式。通常采用以下形式。

（1）集体练习：在练习人数不多、动作位移不大、动作中器械运动幅度不大、练习场地可以满足集体动作需要的前提下，可采用集体练习的形式。例如，在学习新动作时；进行原地练习或需要集体纠正错误时；在练习时间短、内容多，需要加大密度、增加练习次数时。

（2）分组练习：在复习、巩固、提高动作技术阶段，为了细致观察和纠正技术细节及提高动作质量时，在相互观摩、评比时，在场地小、人多、集体练习中互相干扰影响练习效果时，可分组轮换练习。

（3）个人练习：在人数较少的前提下，为了提高动作质量，或为了准备参加比赛，或考核时可安排个人练习。

3. 练习的队形

水中健身教学要充分利用场地，选择适宜的队形加大练习密度。例如，定位练习或移动不大的练习可在体操队形上进行；做水中行走步法练习时在圆圈队形上进行；移动的联合动作可采用横排分步进行；按规定的间隔拍节，一排接一排自动开始，各排依次进行，练习完毕从两侧返回队尾，连续进行。练习时，要求学生按正确的动作技术认真地练习，“想、看、练”结合，以取得最佳练习效果。

（五）助力法

在水中健身教学中，教师可采用直接助力或间接助力，帮助学生掌握动作技术。

1. 直接助力

教师采用扶持、托、扳、压等手法让学生直接体会身体各部位的空间位置及正确姿势，从而建立正确的用力方向、用力时机、用力大小的肌肉本体感觉。

2. 间接助力

教师利用扶池边、标志物帮助学生维持身体平衡、辨别空间方位，促进其快速掌握动作技术。

（六）重复法

重复法是指不改变动作的结构，按照动作要领进行反复练习的方法。水中健身的教学，可重复单个动作，也可重复组合动作和成套动作。这种方法既有利于学生在反复练习中掌握和巩固动作技术，又有利于指导和帮助学生改进动作技术，并对锻炼身体、发展体能等有较好的作用。

采用此教法时应注意以下几点。

（1）要防止错误动作的重复。教学中，一旦发现有错误动作出现，教师应立即给予纠正，防止形成错误动作的动力定型。

（2）在动作初学阶段采用重复法时，应避免负荷过大及疲劳的过早出现，以免影响掌握动作及改进动作。

（3）练习时要合理安排重复次数。所重复的次数既能保证学生在每一次的练习中都能达到动作的要求，不降低练习质量，又适合学生的负荷能力。重复次数少，达不到锻炼的效果，也不易掌握和巩固动作；重复次数太多，容易造成动作变形，也易使学生失去练习的兴趣。

总之，上述几种教学方法都有各自的特点和功能，但它们是彼此有机联系的。在水中健身教学中，应根据教学任务需要，灵活和相辅相成地运用各种教学方法，使每一种教学方法的运用都成为整个教学过程中的有机一环。

三、水中健身动作技能形成各阶段的教学特点

水中健身技术教学的主要任务之一是使学生正确掌握动作技术和不断提高运动技能。动作技能的形成分三个阶段，每个阶段的教学任务和教学特点亦不同，必须灵活采用不同的教学方法，才能缩短动作技能形成的时间。

（一）粗略掌握动作阶段

此阶段的教学任务是使学生建立正确的动作表象和概念，粗略掌握动作方法，防止多余动作和错误的出现。此阶段常采用集体练习的形式，运用完整示范、分解讲解、由分解练习到完整练习、由慢动作到正常节奏的领做、用口令加动作顺序的提示指挥练习、集体纠正带有普遍性的错误、运用助力法帮助学生建立正确的肌肉本体感觉、讲解中强调完成动作的关键技术等方法，使学生初步建立动作概念，掌握动作节奏和基本方法。

（二）改进与提高阶段

此阶段的教学任务是消除学生各种动作错误，使学生进一步掌握动作技术细节，提高动作的准确性、协调性、节奏感。此阶段常采用综合性的教学方法。例如，采用重点讲解、重点示范、正误对比示范、完整统习与分解练习相结合、集体指导与个别指导相结合等方法，使每种错误都有相应的纠正方法；在练习中，口令与音乐伴奏相结合，提示动作的用力时机、方向、幅度、力度以及姿态、形体表现等技术要点，不断强化正确要领；重视学生自我评价和相互评价，互相观察或看图片、看录像对动作进行分析，相互评价；强化对正确技术的认识和对错误动作进行自我调控的主动性，使学生能够有效地防止或纠正错误动作，进一步掌握动作难点和技术细节，逐步准确、连贯、协调地完成动作。

（三）巩固与运用自如阶段

此阶段的教学任务是不断强化学生已形成的运动技能，进一步提高学生动作质量，增强学生动作的熟练性、准确性、幅度和表现力，使学生能够轻松自如、准确优美地完成动作，运动技能达到自动化程度。此阶段常采用成套动作的重复练习和测验、表演及加大运动量的练习，以增强体能、提高应变能力，达到最佳竞技状态。此时，通过讲解使学生更进一步地理解动作原理、动作变化规律，有助于举一反三、

触类旁通，达到运用自如的目的。

水中健身教学实践表明，在运动技能形成的各阶段，根据学生的基础和动作特点，灵活地运用各种教学方法，把若干种教学方法合理搭配、综合运用，能够取得最佳的教学效果。

四、水中健身教练员的教学方法

（一）采用启发导入式教学，激发学员的学习兴趣

首先让学员通过观看水中健身操的录像或图片，欣赏人在水中伴随着柔美动感的音乐轻舞飞扬，展现出的婀娜身姿和健美身材，给人一种美的享受和视觉的冲击。然后通过理论讲解让学员认识和了解水中健身操的基本知识，比如水中健身操的特点、练习水中健身操的好处等，使学员对学习水中健身操产生兴趣，调动学员的积极性。

（二）合理组织队形，正确运用示范和口令

教练员要根据练习场地和学员人数合理地组织队形，要让每一位学员都能看到教练员的示范动作、听到音乐和教练员的口令。教练员要采用水、陆示范相结合的方式，陆上示范应包括镜面、侧面、背面动作。示范动作不仅要规范、到位，还应适当地加大动作幅度，便于学员领会、模仿。教练员的口令要简明、准确、洪亮，可以边讲边做。

（三）选择适当的音乐伴奏，控制好动作节拍

受水的压力、浮力、阻力的作用，在水中进行运动的节奏要比在陆地上运动的节奏缓慢，所以选择水中健身操的音乐时要注意音乐的节拍，通常要比陆上健身操的节奏慢 1/4 拍。教练员在陆上领操时要控制好动作节奏，避免动作太快水中的学员跟不上。

（四）合理安排运动量，发现错误及时纠正

教练员要根据学员的年龄、性别、运动水平和身体状况安排每堂课的练习内容和运动量。在学习新动作时，要由慢到快、由分解到完整，保证大多数学员能够掌握以后再学习下一个动作。在教学过程中如发现学员的错误动作应及时纠正，但不

要占用太多的时间。

（五）多运用肢体语言，注意观察学员面部表情

在教学中，尤其是在有音乐的伴奏下，教练要尽量多使用手势提示学员做动作，比如摆左手提示向左走，向前指提示向前走，用击掌来吸引学员的注意，提示变换动作等。同时，要随时关注学员的面部表情，如发现学员有呼吸急促、脸色发白等状况时，应立即询问其感受或停止授课。无论在什么情况下，都要把安全放在第一位。

（六）用眼睛交流，用语言鼓励，用笑容感染

作为一名水中健身操教练员，在教学中要始终保持微笑，大声地鼓励学员加油或者点头示意，给予一个肯定的眼神，等等。这些方法能够使教练员与学员形成互动，产生交流和沟通，同时还能够调节课堂气氛，让学员通过练习放松心情、建立自信，从而达到身心健康的目的。

第三节　水中健身教学对学生能力的培养

水中健身教学主要是以传授水中健身的科学原理、基本知识、基本方法为核心，以水中健身动作为教学主要内容，以培养能力作为最终目的。

一、能力的概念和构成

（一）能力的概念

能力通常是指完成一定活动的身体和心理的本领，包括完成一定活动的具体方法及所必需的心理特征。教学的本质是教师把人类已知的科学真理转化为学生的真知，同时引导学生把所学知识转化为能力的一种特殊的教育形式。

（二）能力的构成

能力的构成是多方面的，主要包括示范、讲解、观察分析、纠正错误、运用教法、创编动作、组织比赛、裁判方法的掌握与综合运用等。

二、学生能力的培养途径与方法

（一）培养学生的示范能力

正确优美的动作示范是教师进行水中健身教学时最能调动和激发学生自觉投入学习的积极因素。培养动作示范能力，最主要的是培养学生正确、优美、独立地展示动作及准确、灵活运用示范点、示范面的能力。

培养学生示范能力的方法有以下几种。

（1）教师对不同动作所采用的示范面、示范点进行演示后，让学生开始实践。

（2）组织学生观看水中健身教学、表演及比赛的录像带，使学生对规范、优美的动作有进一步的理解，以提高动作的规格和表现力。

（3）通过采用固定姿态、改变动作节奏等方法让学生学习并强化水中健身基本动作，形成正确、稳定的肌肉感觉，达到示范的标准。

（4）让一位或几位学生在队前带领练习，可提高其对自己的要求，更规范地完成动作。

（5）采用两人一组互相示范的练习方法，培养学生正确示范及示范面的转换能力。

（二）培养学生的讲解能力

水中健身教学中的讲解是在深刻理解和体会动作正确技术要领、表现方式基础上所具备的一种语言表述能力。这种能力不仅要求准确无误地表述完成动作时身体各部位的方向、路线、幅度、速度、节奏、肌肉用力顺序并抓住重点及难点，还应将动作的表现方式、对身体的影响等用语言清晰地表述出来。

培养学生讲解能力的方法有以下几种。

（1）在教师讲解动作之前，让学生将教师示范动作的名称、术语、动作过程等讲解一遍，之后，教师按讲解要求为学生讲解，通过教师与学生讲解的比较，使学生明确简明扼要、条理清晰地讲解在学习中的重要性和必要性。

（2）教师提出问题，让学生在示范中讲述完成动作的要领、要求和注意事项。学生讲解后，教师给予评定，指出学生应改进的问题，并让学生总结后重新讲解。

（3）根据教学进度和教学任务，让学生评议本次课教学完成情况，并对评价提出要求：先进行总体评价，然后指出优缺点，提出改进意见和希望。用此方法来提高学生的语言组织能力和讲解能力。

（三）培养学生运用教法的能力

水中健身教学教法是指传授知识、学习动作技能、组织教学等方法。水中健身教学效果的好坏，很大程度上取决于教法的运用。因此，培养学生运用教法的能力是非常重要的。培养学生运用教法能力的方法有以下几种。

（1）让学生了解和掌握水中健身教学的常用教学方法，即传授水中健身知识的方法、组织教学的方法等。让学生不仅要了解教法的种类、名称，还要了解各种教法的作用。学生只有全面地了解和掌握各种不同的教学方法，才能根据教学的不同需要灵活地运用。

（2）水中健身教学中教师要求学生注意观察教师的教法运用情况，课程结束前让学生复述课上采用了哪几种教法，这些教法运用的时机如何，使学生加深对教法运用的认识。

（3）在课上或在课外，让学生将自己创编的水中健身操教给其他学生，由学生本人或被教者写出教学过程中采用了哪些教法、采用的时机、教学效果等情况，以提高学生实际运用教法的能力。

（四）培养学生观察分析和纠正错误动作的能力

观察分析和纠正错误能力的培养，关键在于培养学生善于发现课堂教学和完成动作时的问题，并分析其产生的原因和找出解决问题的方法。教师要有计划、有步骤地在教学中为学生创造和提供实践机会。

培养学生观察、分析和纠正错误动作能力的方法有以下几种。

（1）通过观看比赛录像，让学生观察和分析每个运动员完成动作的特点，并集中对一套动作进行分析，指出其优缺点。

（2）组织学生互相观察并分析和纠正错误动作。既可以采用分组轮换形式进行观察，也可以一帮一地练习和观察。

（3）让完成动作较好或完成动作较差的学生同时做练习，教师组织学生观察，之后进行比较与分析，指出优点和错误所在，提出改进动作的方法。

（4）以优带差。教师可采用定人、定任务、定要求的“三定”方法，让学生在课上或课下进行帮助。

（五）培养学生的创编能力

创编能力是能力构成的重要内容，既是学生学习和运用技术动作、音乐、水中健身知识和审美能力的综合体现，也是水中健身教学的一项重要任务。创编水中健身操是在掌握水中健身基本动作和创编原则与方法的基础上进行的。

培养学生创编能力的方法有以下几种。

（1）先创编单个动作，在单个动作的基础上创编组合动作，在单个和组合动作的基础上创编成套动作。

（2）对学生提出创编水中健身动作的具体要求和组织实施方法，组成小组，边研究边创编，也可分给每个学生不同的任务进行创编。

（3）让学生以小组为单位，表演所创编的动作，由学生进行评定。

（4）在小组创编动作的基础上，让学生按要求写出每节动作的名称、节拍和动作说明，并绘出单线条图。

（5）在各组学生创编成套动作完成后，组织全班交流，并进行评比和考核。

（六）培养学生的组织与裁判能力

水中健身的组织能力主要表现为教法的组织与运用能力、组织学生学习的能力、整队调队能力、组织学生进行比赛和表演的能力等；裁判能力指以裁判规则为准绳，对学生完成动作进行正确评价的能力。

培养学生组织与裁判能力的方法主要有以下几种。

（1）让学生轮流负责每次课的集合、整队、调队，报告学生出勤情况等工作，培养学生的组织调动能力。

（2）把全班分成几个小组进行练习，由小组成员轮流组织学生进行练习，教师对各小组的组织情况进行评价，提高学生组织教学的积极性。

（3）在水中健身课上结合裁判规则进行教学，能使学生学习动作有更高的标准，对理解和运用规则具有重要的作用。

（4）组织各班进行小型比赛，学生互为表演者和裁判者。

（5）组织年级、各系及全校的教学比赛。同一年级的比赛，一部分学生为参赛者，另一部分学生为裁判员；全系的比赛可由高年级学生作为裁判员；全校比赛可由教师指挥，选出水中健身骨干作为裁判。

第五章　水中健身操的创编

第一节　水中健身操的基本动作

一、定点类步伐

（一）半蹲（分腿半蹲、并腿半蹲）

一般描述：两腿有控制地屈和伸，可分为分腿半蹲和并腿半蹲。

技术要点：分腿半蹲时，两腿开立，与髋同宽，脚尖微微向外打斜，屈膝时大腿与小腿夹角呈 90 度（或略大于 90 度），膝盖对准二三脚趾方向，下蹲时臀部向后向下约 45 度，上身保持直立。

（二）弹　动

一般描述：一侧脚尖或脚跟触地，另一侧腿稍屈膝，然后还原到并腿姿势。

技术要点：主力腿始终保持微屈站立，并做有弹性的屈伸动作。

动作变化：

（1）侧点地左右移重心 —— 支撑腿微屈站立，另一条腿侧伸，脚尖点地过渡到脚后跟，同时重心移向另一侧，然后还原。

（2）点地吸腿 —— 支撑腿微屈站立，另一条腿侧伸点地，吸腿，再点地，最后还原到初始姿势。

（三）点地类动作（脚尖后脚跟）

一般描述：一侧脚尖或脚跟触地，另一侧腿稍屈膝，然后还原。

技术要点：支撑腿始终保持屈膝站立，并且随动作有弹性地屈伸。

动作变化：

（1）侧点地左右移重心——支撑腿微屈站立，另一条腿侧伸，脚尖点地过渡到脚后跟，同时重心移向另一侧，然后还原。

（2）点地吸腿——支撑腿微屈站立，另一条腿侧伸点地，吸腿，再点地，最后还原到初始姿势。

（四）弓步（前、侧、后）

一般描述：两脚前后分开，脚内侧平行；屈膝下蹲、伸直站立。

技术要点：屈膝下蹲，后大腿与地面垂直；重心保持在两脚之间。

动作变化：侧弓步——支撑腿微屈站立，另一条腿侧伸，脚尖点地并过渡到脚跟，同时重心移向另一侧，最后还原。

二、水平移动类步伐

（一）踏　步

一般描述：原地双脚交替落地，脚落地时由脚尖着地过渡到脚跟着地，两臂自然前后摆动。

技术要点：落地时，从踝关节过渡到膝关节再到髋关节时要有缓冲。

动作变化：踏步分腿并腿——两脚交替向两侧踏步，呈开合状，然后还原。

（二）走　步

一般描述：两脚交替踏步使身体移动。向前踏步时，由脚跟过渡到全脚掌；向后踏步时则相反。

技术要点：着地时，膝、踝关节要有过渡缓冲。

动作变化：

3 步点地——着地时，膝、踝关节要有过渡缓冲。

3 步吸腿——左右脚交替向前走三步，第四步吸腿。

（三）“一”字步

一般描述：一只脚向前迈一步，另一只脚并于前脚，然后再依次还原。

技术要点：向前迈步着地时，由脚跟过渡到全脚掌，然后并腿；迈步并腿时，膝盖要微屈。

动作变化：

“V”字步——见“V”字步动作。

方步——右脚迈向左脚前方，左脚迈向右脚外侧，右脚退回左脚后方，左脚回到起始位，走出一个方形。

（四）“V”字步

一般描述：左脚、右脚依次向左前方、右前方迈一步，屈膝缓冲，并依次退回原位。

技术要点：两膝、踝关节要有缓冲，分开后呈开合状态，重心保持在两脚之间。

动作变化：“X”步——先做一个正“V”字步，再做一个倒“V”字步，形成“X”步。

（五）漫　步

一般描述：一只脚向前迈一步，微屈缓冲，另一只脚稍稍抬起再落下，向后动作一样。

技术要点：两只脚交替迈步，重心保持在两脚之间。

动作变化：漫步转体 360 度。

（六）并　步

一般描述：左脚向左侧迈一步，右脚前脚掌并于左脚脚弓处，稍屈膝下蹲。

技术要点：双腿微屈，身体要有弹动。

动作变化：

2 次并步—— 同一方向做两个并步，再做反方向。

侧交叉步（肩侧交叉步动作）。

（七）交叉步

一般描述：右脚向右迈一步，左脚迈向右脚右后方，微屈缓冲；右脚再向右迈一步，左脚跟上并拢。反向同上。

技术要点：迈出的第一步脚跟要先着地，再由脚跟过渡到全脚掌，重心向迈出的方向移动，注意缓冲。

动作变化：

交叉步屈腿——侧交叉步最后一步由并拢改为后屈腿。

交叉步吸腿——侧交叉步最后一步由并拢改为吸腿。

（八）迈步后屈腿

一般描述：一条腿向侧迈一步，微屈膝，另一条腿向后屈膝，放下腿并向支撑腿。通常以高冲击力的形式出现。

技术要点：支撑腿微屈，另一条腿向后屈，脚跟碰到臀部。

动作变化：支撑腿微屈，两膝并拢，脚跟找向臀部的方向。

（九）吸　腿

一般描述：一条腿站立，另一条腿屈膝向上抬。

技术要点：上体保持直立，支撑腿微屈，另一条腿向上抬至大腿水平或高于水平。

（十）摆　腿

一般描述：一条腿由外侧向内侧运动，然后沿原方向运动。

技术要点：摆动腿沿同一个平面运动。

三、垂直移动类步伐

（一）跑　步

一般描述：一般描述两条腿交替向后屈，经腾空落地，两臂屈肘，自然摆动。

技术要点：落地时，微屈膝，有弹动。

动作变化：

高抬腿跑——膝盖尽量抬高。

后屈腿跑——小腿尽量后屈，脚跟到臀部。

双跳跑——每只脚落地跳 2 次，交替进行。

（二）开合跳

一般描述：由并腿跳起，成分腿落地；然后，再由分腿跳起，并腿落地。

技术要点：起跳后双脚在空中自然分开，落地缓冲，膝关节沿脚尖方向微屈，脚跟落地。

动作变化：半个开合跳——脚向侧跳，落地时一条腿屈膝，同时另一条腿直膝、勾脚尖留在原地，然后跳回原地。

（三）并步跳

一般描述：由并腿跳起，并腿落地。

技术要点：分腿屈膝蹲时，两脚自然外开，膝关节沿脚尖方向屈。膝关节夹角不小于90度，脚跟落地。

动作变化：半个开合跳——脚向侧跳，落地时一条腿屈膝，同时另一条腿直膝、勾脚尖留在原地，然后跳回原地。

（四）弹踢腿跳

一般描述：双腿并拢跳起，一条腿直立，另一条腿先向后屈，再向前下方弹直，还原。

技术要点：弹出的腿要有制动，上身保持直立。

（五）点跳（小马跳）

一般描述：一只脚向侧小跳1次，另一只脚随之并上垫步跳1次。

技术要点：落地时踝、膝关节要有弹动和缓冲。

第二节　水中健身操创编的指导思想和原则

一、水中健身操创编的指导思想

（一）依据不同的目的、任务创编

由于目的、任务不同，水中健身操成套动作编排的结构、难易度及动作特点也有所不同。

1. 以教育为目的

在水中健身操各级教学中，以培养良好的思想品德、强身健体、掌握健身方法、树立正确的审美观、使身心全面发展、为终身体育打基础为目的。

水中健身操教学中的组合成套动作，是以教学大纲中规定的教材内容为核心动作编排而成的。通过这些组合成套动作的练习，巩固和提高练习者学过的动作技术，进一步发展练习者的协调性、节奏感，提高学习兴趣，以完成教学任务。

2. 以健身、健美娱乐为主要目的

水中健身操在编排中首先考虑锻炼价值和不同练习者的特点。水中健身操中各类徒手和持轻器械的动作都有着不同的锻炼价值。例如，各种水中步法和小跳练习能有效增强练习者的下肢力量、灵活性和动作的节奏感；手持轻器械做动作能有效增强练习者的手指、手腕各关节的灵活性和上肢力量，以及全身动作的协调性。

参加水中健身操活动的对象不同，目的也会有所差异。少年儿童还处在发育阶段，多参加水中健身操活动不仅可以强身健体，养成健康的身体姿势，还可以形成良好的锻炼习惯，为身体健康打下坚实的基础。中青年人处于紧张的学习和工作阶段，参加水中健身操锻炼是为了保持和改善身体的健康状况，获得健美的形体，形成高雅的气质和仪表，保持良好的身体素质，掌握健身健美的方法，终身受益。老年人参加水中健身操活动，不仅能强健身体，强化身体各部位的器官，同时也为老年人的生活增添美的情趣，使身心得到愉悦，有助于提高生活质量，延缓衰老，延年益寿。总之，要依据不同人群在健身、健美和娱乐三个方面的不同需要来创编水中健身操动作。

3. 以恢复健康为目的

人们的一些疾病，如腰腿痛、肩背痛等，可通过水中健身操动作的锻炼，使健康得到恢复。这类动作的编排针对性很强，需要根据保健康复的运动处方来选择动作内容、确定重复次数以及成套动作的数量和持续时间。在编排中严格按照解剖学、生理学、生物力学、人体肌肉骨骼力学以及运动学的规律，定时监测体质、功能和形体的变化。依据练习者身体的变化来调整动作内容，整个练习的设计要体现科学性、系统性和适用性。

4. 以观赏为目的

以表演和宣传为目的的水中健身操，通过优美、丰富多彩的艺术表演，形成高雅、清新的文化氛围，使更多的人喜欢水中健身操，吸引更多的人参加水中健身操运动，支持水中健身事业的发展。水中健身操表演动作的编排从体育艺术性、观赏性的角度出发，注重表演效果。

（二）根据不同的练习者创编

1. 针对学生

各级学校的体育教学必须针对不同学段（大、中、小学）学生年龄特征。在编排水中健身操教学动作时，应考虑教学任务与要求，从学生已掌握的动作素材、学生的身体素质基础、学生人数多少、教学条件等实际出发，编排出适合学生特点的水中健身操动作。

2. 针对大众

在健身活动中，水中健身操的编排要因人而异，要考虑不同年龄、不同性别人群的生理、心理特点和体育活动能力。不同年龄人群的运动器官和内脏器官的生理机能状况有很大差异，对运动负荷的承受能力不同，兴趣爱好也不同，因此，要选择适合年龄特点的动作素材。例如，为少年儿童编排的水中健身操动作技术要规范，形式要活泼，音乐要有少儿特点；青年水中健身操的动作要有明确的目的性，内容新颖，动作优美，幅度大、变化多、节奏快、力度强，音乐和动作的风格具有强烈的时代气息，充满激情；老年人适宜练习那些速度较慢、技术简单、重复次数多、实用价值大的水中健身操动作。总之，符合年龄、性别特点的水中健身操具有很强的生命力，会得到大众的喜爱。

3. 针对观众

为表演而编的水中健身操要具有观赏性，注重艺术效果。创编时，既要考虑表演者的身体状况和能力，又要考虑观众的兴趣爱好，使编排的成套动作既能展现表演者的才能，又能满足观众的兴趣爱好，使表演效果达到最佳。

（三）根据场地条件创编

1. 充分利用场地

水中健身操动作一般为集体项目，出于安全考虑，人均空间比较大，成套动作编排时要充分考虑动作幅度及路线变化，幅度不可过大，路线尽量从简。为了在较小的范围内增加移动距离，可采用集体向前、后、左、右变换方向的同向位移。也可将练习者分成两拨，由面相对或背相对开始，反向交叉位移。持轻器械练习时，间隔距离要加大，要考虑轻器械所占空间，间隔距离过小容易互相碰撞，造成练习中断或碰伤。

2. 因地制宜

水中健身操既可在浅水区（1.2～1.4 米）也可在深水区（1.8 米以上）进行练习。按照不同的场地条件编排出具有不同价值的水中健身操动作，增加练习者选择的机会，效果会更好。

（四）根据不同器械的特点创编

目前，水中健身操的轻器械有水中健身棒、打水板、水中哑铃、水中单车、水中踏板等。各种器械具有不同的性能特征，编排轻器械操时必须充分利用和发挥各种器械本身的运动特性来设计和编排动作。

（1）水中健身棒：克服棒的浮力可进行上、下肢的力量练习，利用浮力可进行深水的骑行练习。

（2）打水板：坐或站立在板上，可进行水中平衡练习，利用板的浮力和阻力做各种上、下肢练习。

（3）水中哑铃：可持单个或双个，运用哑铃的浮力和阻力做各种慢速的摆、绕、下压等动作以及快速挥摆、绕环动作。

（4）水中单车：利用水的阻力，变换各种不同的强度进行水中下肢力量练习，提高其有氧能力。

（5）水中踏板：将各种水中健身步伐运用到踏板上，不仅能增加强度，同时也能增加难度，提高观赏力。

总体来说，轻器械操在编排时，不能将轻器械当成装饰，要将其与身体融为一体，做动作时要与身体协调配合，形成优美的流动造型。

（五）根据美学的形式美法则创编

水中健身操在音乐的伴奏下，通过具体动作力度、幅度、速度和姿态造型的变化以及与轻器械的结合，展现出人体美与物体运动的自然美，表现如下。

1. 运用艺术手法巧妙编织美的动作结构

将多个动作组合到一起，形成一幅立体动态图，表现出均衡、和谐、对称、自然、曲线、流畅等人体运动的外在美和蕴藏在机体之中的柔韧、灵敏、协调、力量等素质美。

2. 运用轻器械的动态特征强化美的效果

轻器械在流动中，其形态、幅度、强度是在不断变化的，构成流动的韵律美和人与器械运动的和谐美。

3. 运用音乐与动作的配合，充分表现美的意境

在音乐的伴奏下做出相应的动作，表达出人类生活中难以表达的精神现象，满足人们的审美心理需求。

在水中健身操成套动作编排中，应从上述几方面体现水中健身操的艺术性。

二、水中健身操的创编原则

无论编排一节动作或成套动作，要创编具有科学性、易于推广的水中健身操动作必须把握以下原则。

（一）目的性

在水中健身操的创编中，首先要根据练习的目的和任务选择内容。考虑锻炼价值和不同练习者的特点，不同的人群参加水中健身活动目的自然也会有所差异。

要依据不同人群的不同需要来创编水中健身操动作，并且根据不同练习者的接受能力，选择相应的动作。

（二）针对性

编排水中健身操动作必须针对对象的年龄、性别、训练水平、场地和气候等实际情况选择内容。首先，要明确为谁编操、编什么操，因为参加锻炼的人中男女老少都有，他们的身体状况不同，锻炼的时间、场所不同，职业、兴趣、爱好更是千差万别，所以要针对不同人群的生理、心理特点以及时间、场地等条件，选择不同的动作，按照各种动作的健身效果，提出的任务应与练习者的要求相一致，以及按照不同年龄人群健身的重点选择健身效果最好的动作编成套。

例如，编排儿童水中健身操时，应选择自然活泼、轻松愉快、造型美观、易于模仿的动作，并且应具有游戏性质，以提高儿童情趣。特别要注意选择一些有利于形成儿童正确姿势，有利于儿童发展背肌、腹肌和大腿肌等主要肌群力量，有利于促进儿童身体正常发育，增进健康、增强体质的动作。

编排青年水中健身操时，对于男子，应选择刚健有力、健美大方、富有朝气、积极快速、节奏分明的动作，结合健美操、拳击等一些陆地动作和有明显的锻炼价值的动作。对于女子，应适当选择协调有力、优美柔和、韵律感强的动作，还应注意选择突出女性的曲线美特征的动作。另外，还要选择一些有利于增强腰部力量的动作。

编排老年人和体弱者水中健身操时，应选择简单容易做、速度慢的，并且多次重复的动作；为了增强中老年人身体的灵活性需要编排以锻炼下肢为主的组合动作，考虑到老年人心肺功能的承受能力，重点选用结合简单的手臂摆动，腰部屈伸、转动的动作组合，这样既能突出下肢的锻炼，又能使身体的灵活性得到改善，体现出较强的针对性。

以保健康复为目的，人们在伤病治疗过后，主要为了恢复体力、恢复功能。这类水中健身操动作的编排针对性很强，需要根据保健康复的运动处方来选择动作内容、确定重复次数以及成套动作的数量和持续时间。要严格按照解剖学、生理学、生物力学、人体肌肉骨骼力学以及运动学的规律，定时监测体质、功能和形体的变化。依据练习者身体的变化来变换动作内容，整个练习的设计要体现科学性、系统性和适用性。

水中健身操编排时要充分体现健身、健美、娱乐的功能，要考虑面向大众，注意可接受性和运动量的合理性，以求达到最佳健身效果。

（三）科学性

健康是人体美的标志，水中健身操动作的编排首先要有益于健康，能够促进身体各部位的全面发展。肢体要协调发展，动作幅度、速度、节奏变化要合理，强度要适中，使练习者达到形体美、身体美的健康目标。从人体部位说，水中健身操编排应包括上肢、下肢、躯干及全身动作。上肢动作应有肩、肘、腕、手指各部位的屈、伸、举、振、摆、绕与绕环动作；下肢动作应有髓、膝、踝、趾各部位的屈、伸、举、摆、绕、转、踢等动作；躯干动作应有胸、腰各部位的前后屈、左右侧屈、左右转动、绕与绕环等动作。从身体素质说，水中健身操编排应包括速度、力量、柔韧、协调等方面内容；从动作方向说，水中健身操编排应包括前、后、左、右，还可以选择走、跑、跳、转体、波浪等各种不同类型的动作，其目的是使身体得到均衡的全面性锻炼。

一个成套动作是由多个单个动作组合而成，单个动作的类型、数量及动作间的连接是构成成套动作性质、特点、价值和艺术性的重要因素。编排成套水中健身操时，必须遵循人体运动的生理规律，即运动负荷由小到大、心率变化由低到高，波浪形地逐步上升，然后逐渐恢复到平静状态。动作的编排应由局部到全身。编排动作由易到难，速度由慢到快，强度由弱到强，逐步增加运动负荷，达到和保持一定的运动负荷后，再逐渐减小。

水中健身操成套动作的编排和一堂水中健身操练习课一样，可以分为三个部分：准备动作、基本动作和结束动作。

（1）准备动作。一般是从头、四肢、腰部开始，做一些陆上或水中伸展、低强度的热身、原地水中运动。要求动作简单、柔和，为完成整套动作从身心上做好准备。

（2）基本动作。一般先做一些组合动作如水中跑步、水中跳跃，然后利用水的阻力增加一些肌肉力量练习，在较大强度动作之后要有运动量的调节和放松。

（3）结束动作。一般应选择一些幅度不大、速度缓慢、轻松自如地放松四肢和躯干的练习，使身体和脉搏尽快地恢复到正常状态。

（四）统一性

按照一定的动作节奏编排带有音乐伴奏的水中健身操，称为水中韵律操。在编排这类水中健身操动作时应选择符合动作韵律、节奏的音乐。音乐有助于表达一定的思想、情绪和意境，确定成套动作的风格，音乐可以为水中健身操注入生命力。

在练习水中韵律操健身动作时，可选用旋律优美、流畅、音质悦耳、节奏欢快的音乐作为伴奏曲。通过音乐激发练习者做动作的激情和表现力，有助于体会动作的韵律感、节奏感、美感，增加练习兴趣，减缓疲劳。每段音乐都有着明显的节奏要求，每个动作完成的时间及各单个动作之间时间的间隔都必须与乐曲节奏的变化相一致。在水中运动的音乐的节拍不宜过快，以 90 ~ 120 拍/分较为理想。

音乐选配一般有 3 种方法。

第一种，可先选音乐，按照音乐的节奏、特点和段落来编排水中健身操动作。

第二种，可先编好水中健身操，请专家谱写乐曲。可以根据成套动作的节奏、风格、高低起伏配制音乐，会达到较理想的效果。

第三种，先编排好水中健身操动作，然后选音乐，根据已编好的成套水中健身操动作选择相适应的音乐。

一般采用的办法是先编排水中健身操动作，再选择现代音乐配合，但这样不可避免地会出现动作与音乐旋律不符的状况。因此，对编排的成套动作要进行不断的修改，尽量使水中健身操动作与音乐和谐一致。

（五）创造性

水中健身操动作的创编要力求新颖、独特和实用，只有不断创新才能保持其旺盛的生命力。

水中健身操动作的创编要根据水中健身的特点，在结合健身操和水中动作的基础上进行创编，使设计后的动作具有水中运动的特点。其中水中韵律操的每节动作多是以组合的形式出现，突出某个主要部位的活动。例如，做水中单双腿和向不同方向转体的跳跃动作，同时配合上肢的摆动动作。此外，可以通过改变动作开始姿势、运动方向、幅度、速度、节奏等方法，以及结合具体对象创编出既有新意又实用的动作。

由于在水中运动的特点，人体移动的空间比较有限，但在做成套动作和集体队形练习时，要充分利用场地和空间，不要发生相互碰撞现象。

水中健身操成套动作时间没有严格规定，但也要根据练习对象、目的、任务的不同，确定相应的时间长度，以达到最佳练习效果。时间的长短与动作的多少、音乐的长短有关。每一种水中健身操，都必须在相应的时间内完成创编的动作内容。因此，在水中健身操动作创编过程中，时间素材也是必须考虑的一个重要因素。

第三节　水中健身操创编的步骤和方法

水中健身操成套动作的结构一般由 10 多个具有不同锻炼价值的联合动作构成，每个联合动作中有 2 ~4 个核心动作以及必要的连接动作，2 ~4 个 8 拍。每个联合动作根据健身的需要和音乐的特点可重复 4 ~8 次或更多。全套动作有开始动作、中间动作和结束放松动作。依据动作性质、动作速度、动作幅度和运动强度确定成套动作时间，一般在 5 分钟左右。健身中使用的成套动作，包括分解动作、慢动作、快动作、完整动作、小循环、大循环，一套动作大约需要 30 分钟。成套水中健身操动作按以下步骤创编。

（一）确定目的和任务

根据练习对象的特点、最终想要达到的效果以及场地条件确定动作风格、动作幅度及核心动作，针对练习对象及动作特点确定音乐风格、节奏特点，即要明确为谁编的操、编什么样的操以及想要达到什么样的效果。

（二）设计动作，选择音乐

1. 水中健身操成套动作的创编方法

根据水中健身操的创编原则，明确目的和任务后，首先要确定成套动作的节数、特点和重复的拍数，然后一节一节地编好动作。确定成套节数时，要考虑负荷大小及包含身体哪些部位的内容。成套动作的特点是根据练习所要达到的效果，突出某种特色，如加强某些部位的锻炼，创编时以某些部位的动作多些等。确定每节重复的拍数，既要考虑练习对象和实际情况，又要考虑动作强度。

2. 一节动作的编排方法

编排一节动作有下列 7 种方法，每节动作都存在每种方法的综合运用，但有的方法中只是采用某 1 个或某 2 个具体方面。

（1）身体各部分配合：首先要突出主要部分，其次配合好身体其他部分。例如，做下肢运动时应以下肢为主，上肢相应配合，练习效果更佳。

（2）不同类型动作的组合：一节动作可采用某一类动作的做法，如下肢运动可全用踢或压等动作，也可采用多类动作的组合，如下肢先压再踢或屈、伸。

（3）不同方向的组合：可采用前后方向组合、左右方向组合、前后左右方向的组合。

（4）不同做法的变化：可采用身体部位的同时做、依次做、轮流做或对称做、不对称做的方法。一般是同时与其他动作结合来做。

（5）不同形式的做法：可采用行进做、原地做等形式。

（6）不同重复次数的组合：一定要考虑到水中动作的节拍。可以在练习 4 拍 1

节动作中，绕环1次、2次、3次或4次，体侧屈1次、2次或3次等。

（7）各种动作采用不同幅度、路线、速度、频率的变化组合。

水中健身操成套动作中的每个联合动作都要突出某种锻炼价值。例如，腰部运动可以躯干前屈、后弯、侧展、环绕为核心动作创编联合动作，达到增强腰部力量及灵活性的目的；下肢运动可以走、跑、跳、压腿、踢腿为核心动作创编联合动作，达到增强下肢力量和灵活性的目的。总之，联合动作的创编以及核心动作的创编必须遵守各项创编原则，既要突出重点，又要使身体全面发展。在创编联合动作时，要根据成套构思选择适合练习者特点和动作风格的音乐。

可采用代用音乐或创编，不管是先选乐曲，还是后选乐曲，或是创编，都要求音乐的节奏、旋律和风格与动作协调一致。

（三）串联、记写成套动作

根据动作由易到难、运动负荷由小到大逐步上升再逐渐减小的规律，要合理组织创编动作顺序，一般开始安排一节准备动作、伸展动作、水中踏步、水中上下肢动作、水中快慢动作、水中抗阻动作、水中跳跃和放松动作等。这是一般创编顺序的规律，但也不是一成不变的。成套动作创编后要测定全套操的运动量，编制运动量曲线图，进行运动量分析，对不合理部分要进行修改。

成套创编完成后，要把每节操的图解及文字说明记写下来，记写的内容和顺序如下。

（1）写出每节动作的名称和动作的重复次数。

（2）绘制动作简图，简图包括预备姿势、每拍动作的主要姿态、动作路线和结束姿势。

（3）记写每节操的要求和做法，写出每拍动作的说明，力求简明扼要、术语正确。首先，写明预备姿势；其次，写明每拍动作的做法和结束姿势。记写动作时，一般是先下肢后上肢、先左边后右边，并明确指出动作的方向、路线和做法等。

（4）记写做操的注意事项。例如，吸、踢腿这节操，可以这样记写。

① 8×8拍。

② 动作描述：身体姿态保持正直，大腿与身体呈直角，然后小腿逐渐伸直。

③ 方向：前、侧、后都有。

④ 注意：收腹立腰，开始双手叉腰，逐渐加手臂动作。

（四）试做成套动作

选择与练习者年龄、身体素质相近的对象试做创编好的成套动作，以检验动作的难易程度是否适宜、动作的连接是否合理、动作的健身效果是否体现、动作与音乐是否协调一致，并采用观察和测量心率的方法检查成套动作运动量的大小是否适宜，并对不足之处进行修改加工，使其具有较强的科学性、适用性和艺术性，便于在广大群众中普及开展。

选择具有代表性的对象进行实验，收集其对动作、音乐、运动负荷等方面的意见，并进行修改。

第四节　水中健身操音乐的选择和制作

优美动听的音乐可使人的心情愉悦、精神焕发、积极向上。因此，在创编水中健身操时，选对音乐可谓成功了一半，再加上富有表现力的动作，二者融为一体，就是一套成功的作品。

音乐是水中健身操成套动作中不可缺少的一部分，在创编水中健身操成套动作时必须重视。首先，所选用的音乐首先应符合水中健身操的动作风格，应是节奏鲜明、铿锵有力的。其次，要根据创编的目的选择音乐的风格，既要能突出特点又要能带动练习者的兴趣。最后，要根据成套动作的结构或动作特点确定音乐的长短、起伏，或根据音乐的长短、起伏来确定成套动作的结构与动作特点。

一、音乐的选择

音乐是水中健身操成套动作中不可缺少的一部分，可作为语言的指挥和练习中的口令。对挑选出的音乐，要分析其结构及节奏特点，并根据这些特点来创编成套动作。创编的动作要与所选的音乐和谐一致。所选用水中健身操成套动作的音乐应是具有结构较完整、节奏鲜明、热烈、感染力较强等特点的爵士乐、摇滚乐、迪斯科或民族音乐。第一，当确定音乐后，应反复去听，截取所需要的部分。第二，要用心去感受音乐，特别是靠想象感受，并通过肢体表达出来，当能够感觉到音乐带来的感动时，离成功的创编就已经不远了。第三，确定需要的音乐的主体部分，主体部分音乐必须完整。第四，音乐开始与结束应突出特点。第五，开始、主体、结束，以及各个段落之间的衔接与过渡要连贯。第六，要按照成套动作的创编构思及主题思想将各个部分连接起来。当然，最为理想的是自己创作音乐。

二、音乐的剪辑

当选择已出版的音乐作品时，往往要根据需要改变音乐速度、风格以及时间长短，将音乐重新处理或制作。剪辑音乐时不能破坏原有音乐的基本结构形式，应尊重原有音乐的完整性。如音乐往往有这样的结构：A＋B、A＋B＋A、（A＋B）×3、A＋A＋B，在剪辑时，可剪去某一整段或保留某一段；如必须要破坏原有的基本结构形式，剪辑后音乐衔接要自然、完整。

（一）剪辑的形式

剪辑的形式有2种：一是对一首音乐进行剪辑，二是对多首音乐进行剪辑。无论是哪种剪辑，剪辑部位放在音乐有停顿、空拍或音乐的结尾处效果较好。剪辑处前后（特别是多首音乐的剪辑）音乐的衔接要自然、完整，应避免在节奏和旋律方面出现不自然的现象。

（二）音乐的速度

音乐的调速有2种：一种是整首音乐的调速；另一种是部分音乐的调速。部分音乐的调速在实践制作过程中比较困难。实践证明，音乐由慢到快听起来很自然，但由快突然放慢听起来就不自然了。在具体操作时，采用以下方法效果要好一些：将调速后的音乐放完之后稍加停顿（停4拍），再录制减速的音乐或再调速剪辑有特殊效果的音乐，如海浪等一些大自然的声音，但不宜过长，不能超过8拍，不然会影响音乐的完整性。

（三）成套音乐的制作

为提高水中健身操成套动作的完成效果，培养练习者水中健身的表现能力，可对水中健身操成套动作的音乐进行制作。根据水中健身操成套动作的风格、动作特点及某个动作的特殊性，对成套音乐进行制作。在制作音乐时可在某些特殊动作中加上适合的特效。实践证明，结合动作特点在音乐中加一些特效，能更好地激发练习者的表现力和练习热情，有助于培养练习者的美感意识。

三、制作音乐特殊效果

制作音乐特殊效果的方法是在已选择好的音乐中加特殊效果，也就是将已选择好的音乐输入电脑，然后和电脑中储存的特殊声音信息进行合成，而后所产生的音乐即为带有特殊效果的音乐。此方法称作“Mid”制作。请专家谱写音乐并进行“Mid”制作，已被越来越多的人接受，也是今后的发展方向。一套具有科学及锻炼价值的水中健身操，如果没有特殊的音乐进行伴奏，无论从艺术效果上讲，还是从锻炼效果上看，其功效性因素都将会减弱；反之，将会提高练习者对水中健身操的兴趣和成套动作的记忆。

“Mid”音乐制作的过程：①确定每套动作的风格和每节动作的特点及所需音乐的类型；②确定成套动作的节数和每节动作占多少拍，以及预备拍是多少拍；③根据成套动作特点确定在哪节哪拍上加特殊效果；④制作完“Mid”后要同教师一起把成套音乐及效果音乐进行检验，把不适合和没有较好表现该套水中健身操风格的地方加以修改和完善。

第五节　水中健身操创编案例

一、活力健身棒操

动作说明：活力健身棒是由泡沫塑料制成的有一定浮力的水中健身器械，借助它来做运动不仅可以增强运动阻力、加大运动负荷、提升运动强度，还可以提高练习者的兴趣，达到健身的目的。活力健身棒操组合案例共有 4 个 8 拍动作，所选音乐节拍清晰、节奏欢快，音乐速度为 20 拍/10 秒左右。

<table>
<tr><td colspan="3">1×8 拍</td><td colspan="4">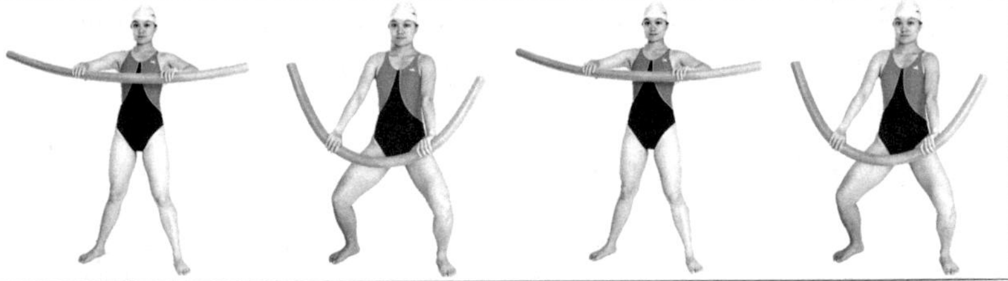</td></tr>
<tr><td rowspan="4">动作描述</td><td colspan="2">节拍</td><td>预备姿势</td><td>1～2</td><td>3～4</td><td>5～6</td></tr>
<tr><td>下肢</td><td>1～8</td><td colspan="4">预备姿势：两脚开立，1～2 拍：两腿半蹲，3～4 拍：还原成预备姿势，5～8 拍：同 1～4 拍动作</td></tr>
<tr><td>上肢</td><td>1～8</td><td colspan="4">预备姿势：两手距离与肩同宽，在胸前握住健身棒，1～2 拍：双手克服水的阻力用力下压，3～4 拍：还原成预备姿势，5～8 拍：同 1～4 拍动作</td></tr>
<tr><td colspan="2">面向</td><td colspan="4">1 点</td></tr>
<tr><td colspan="3">2×8 拍</td><td colspan="4">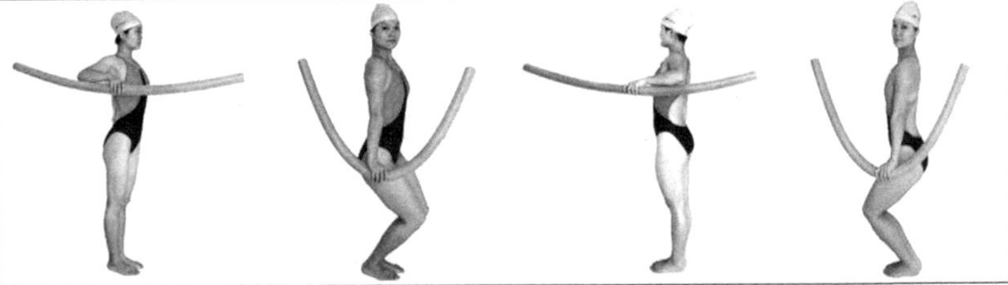</td></tr>
<tr><td rowspan="4">动作描述</td><td colspan="2">节拍</td><td>预备姿势</td><td>1～2</td><td>3～4</td><td>5～6</td></tr>
<tr><td>下肢</td><td>1～8</td><td colspan="4">预备姿势：直立右手屈臂握棒，1～2 拍：双腿下蹲，3～4 拍：还原成预备姿势，5～6 拍：身体向右后转体 180 度成 1～2 拍姿势，7～8 拍：还原成预备姿势动作</td></tr>
<tr><td>上肢</td><td>1～8</td><td colspan="4">预备姿势：右臂屈臂，体侧持棒，1～2 拍：右臂用力下压健身棒，3～4 拍：还原成预备姿势，5～6 拍：转体 180 度后换成左手持棒完成下压动作，7～8 拍：还原成预备姿势动作</td></tr>
<tr><td colspan="2">面向</td><td colspan="4">1～4 拍 7 点，5～8 拍 3 点</td></tr>
<tr><td colspan="3">3×8 拍</td><td colspan="4">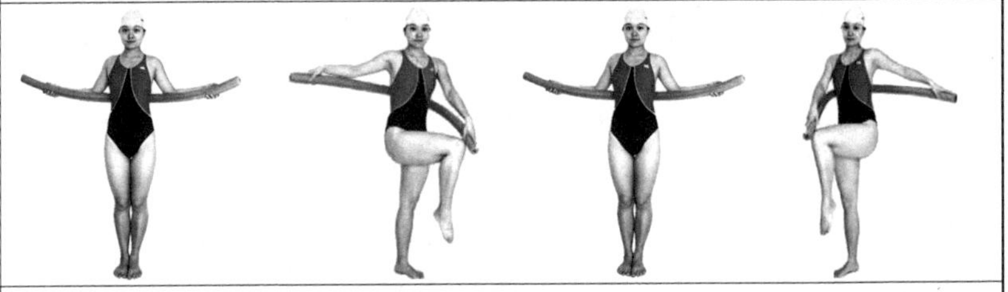</td></tr>
<tr><td rowspan="4">动作描述</td><td colspan="2">节拍</td><td>预备姿势</td><td>1～2</td><td>3～4</td><td>5～6</td></tr>
<tr><td>下肢</td><td>1～8</td><td colspan="4">预备姿势：直立，1～2 拍：吸右腿大腿抬至水平，3～4 拍：还原成预备姿势，5～8 拍：同 1～4 拍动作，但方向相反</td></tr>
<tr><td>上肢</td><td>1～8</td><td colspan="4">1～2 拍：左手持棒，头触右膝，3～4 拍：还原成预备姿势动作，5～8 拍：同 1～4 拍动作，但方向相反</td></tr>
<tr><td colspan="2">面向</td><td colspan="4">1 点</td></tr>
</table>

续表

<table>
<tr><td colspan="3">4×8 拍</td><td colspan="5"></td></tr>
<tr><td rowspan="4">动作说明</td><td colspan="2">节拍</td><td>预备姿势</td><td>1~2</td><td>3~4</td><td>5~6</td><td>7~8</td></tr>
<tr><td>下肢</td><td>1~8</td><td colspan="5">预备姿势：直立，1 拍：吸右腿，2 拍：还原，3 拍：高吸右腿，4 拍：同 2 拍动作，5~8 拍：同 1~4 拍动作，但方向相反</td></tr>
<tr><td>上肢</td><td>1~8</td><td colspan="5">1 拍：左手握棒，头触右膝，2 拍：还原，3 拍：左手握棒头触右脚尖，4 拍：同 2 拍动作，5~8 拍：同 1~4 拍动作，但方向相反</td></tr>
<tr><td colspan="2">面向</td><td colspan="5">1 点</td></tr>
</table>

二、青春活力操

动作说明：青春活力操案例共有 4 个 8 拍的动作组成，均为基本步伐中的动作，所选音乐节拍清晰、节奏欢快，音乐速度为 22 拍/10 秒左右。徒手动作应多注重上肢动作的实效性。

<table>
<tr><td colspan="3">1×8 拍</td><td colspan="4">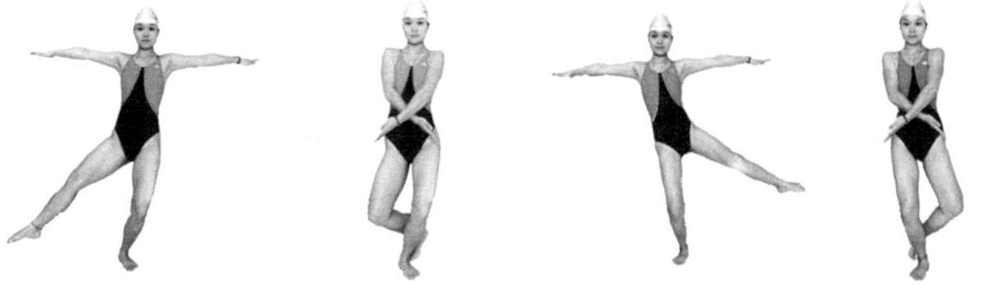</td></tr>
<tr><td rowspan="5">动作描述</td><td colspan="2">节拍</td><td>1~2</td><td>3~4</td><td>5~6</td><td>7~8</td></tr>
<tr><td>下肢</td><td>1~8</td><td colspan="4">1~2 拍：左腿屈膝，右腿侧踢，3~4 拍：右腿落于左腿后点地，5~8 拍：动作相同，但方向相反</td></tr>
<tr><td>上肢</td><td>1~8</td><td colspan="4">1~2 拍：两臂侧举，掌心向下，3~4 拍：两手摆至腹前交叉，5~8 拍：与 1~4 拍动作相同，但方向相反</td></tr>
<tr><td>手形</td><td>1~8</td><td colspan="4">并指掌</td></tr>
<tr><td colspan="2">面向</td><td colspan="4">1 点</td></tr>
</table>

续表

<table>
<tr><td colspan="3">2×8 拍</td><td colspan="4">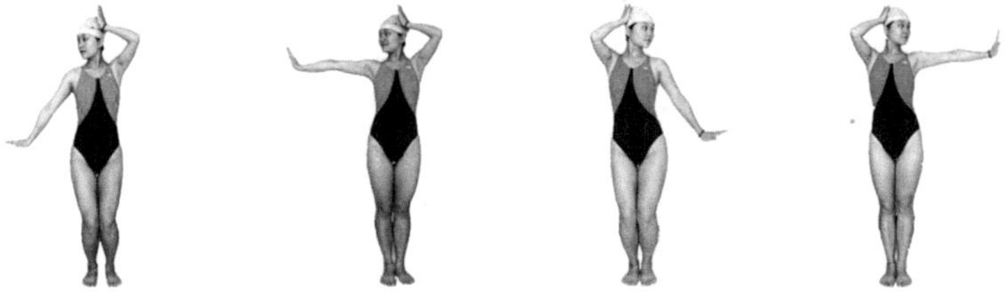</td></tr>
<tr><td rowspan="5">动作描述</td><td colspan="2">节拍</td><td>1~2</td><td>3~4</td><td>5~6</td><td>7~8</td></tr>
<tr><td>下肢</td><td>1~8</td><td colspan="4">1~4 拍：双腿半蹲，上体直立，5~8 拍：重复 1~4 拍动作</td></tr>
<tr><td>上肢</td><td>1~8</td><td colspan="4">1~2 拍：右手立掌向下推水，左臂屈臂手扶头，3~4 拍：右手经下推至水平，5~8 拍：与 1~4 拍动作相同，但方向相反</td></tr>
<tr><td>手型</td><td>1~8</td><td colspan="4">并指掌</td></tr>
<tr><td colspan="2">面向</td><td colspan="4">2 点、8 点</td></tr>
<tr><td colspan="3">3×8 拍</td><td colspan="4">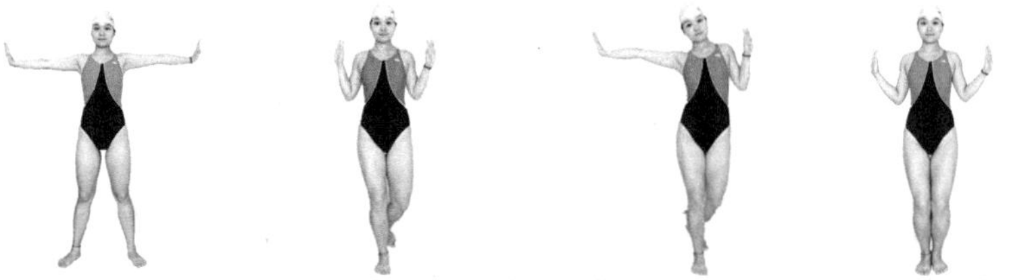</td></tr>
<tr><td rowspan="5">动作描述</td><td colspan="2">节拍</td><td>1~2</td><td>3~4</td><td>5~6</td><td>7~8</td></tr>
<tr><td>下肢</td><td>1~8</td><td colspan="4">1~2 拍：右腿向侧一步，3~4 拍：左腿并于右腿后，5~6 拍：下肢不动，7~8 拍：还原至半蹲</td></tr>
<tr><td>上肢</td><td>1~8</td><td colspan="4">1~2 拍：立掌，两臂向侧推出，3~4 拍：两臂弯曲收于体侧，5~6 拍：右臂向右侧推出，头右侧屈，7~8 拍：两臂弯曲还原至体侧</td></tr>
<tr><td>手型</td><td>1~8</td><td colspan="4">并指立掌</td></tr>
<tr><td colspan="2">面向</td><td colspan="4">1 点</td></tr>
<tr><td colspan="3">4×8 拍</td><td colspan="4"></td></tr>
<tr><td rowspan="5">动作描述</td><td colspan="2">节拍</td><td>1~2</td><td>3~4</td><td>5~6</td><td>7~8</td></tr>
<tr><td>下肢</td><td>1~8</td><td colspan="4">1~2 拍：左腿向侧一步，3~4 拍：右腿并于左腿后，5~6 拍：下肢不动，7~8 拍：还原至半蹲</td></tr>
<tr><td>上肢</td><td>1~8</td><td colspan="4">1~2 拍：立掌，两臂向侧推出，3~4 拍：两臂弯曲收于体侧。5~6 拍：左臂向左侧推出，头左侧屈，7~8 拍：两臂弯曲还原至体侧</td></tr>
<tr><td>手型</td><td>1~8</td><td colspan="4">并指立掌</td></tr>
<tr><td colspan="2">面向</td><td colspan="4">1 点</td></tr>
</table>

三、健康板操

动作说明：健康板操案例共有 4 个 8 拍的动作组成，是利用打水板的阻力、浮力等作用来完成手臂、腰腹及下肢肌肉练习。所选音乐节拍清晰、节奏欢快，音乐速度为 20 拍/10 秒左右。

1×8 拍			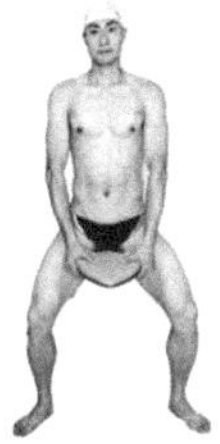	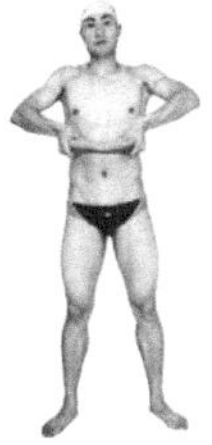	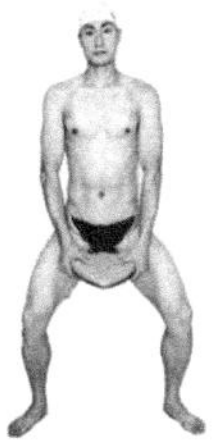	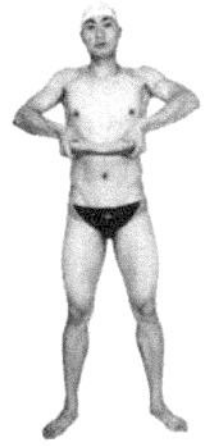
动作描述	节拍		1～2	3～4	5～6	7～8
	下肢	1～8	1～2 拍：两脚开立，两腿弯曲成半蹲姿势，3～4 拍：还原成直立，5～8 拍：同1～4 拍动作			
	上肢	1～8	1～2 拍：两臂用力下压，3～4 拍：收至胸前平举，5～8 拍：同 1～4 拍动作			
	面向		1 点			
2×8 拍					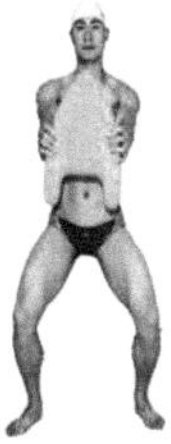	
动作描述	节拍		1～2	3～4	5～6	7～8
	下肢	1～8	1～2 拍：两脚开立，两腿弯曲成半蹲姿势，3～4 拍：还原成直立，5～8 拍：同1～4 拍动作			
	上肢	1～8	1～2 拍：两臂用力前推，3～4 拍：收至胸前，5～8 拍：同 1～4 拍动作			
	面向		1 点			

续表

<table>
<tr><td colspan="3">3×8 拍</td><td colspan="5">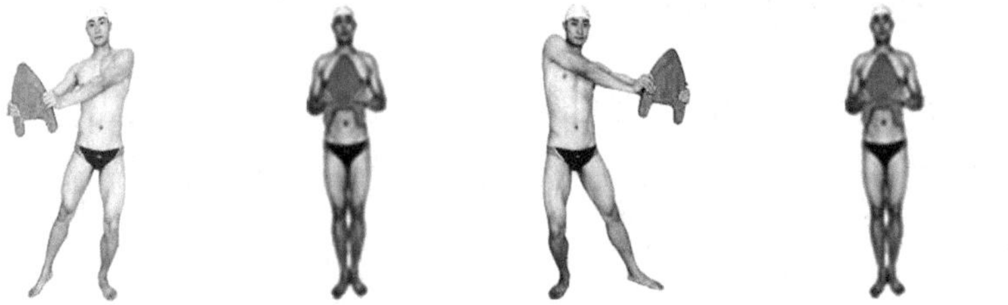</td></tr>
<tr><td rowspan="4">动作描述</td><td colspan="2">节拍</td><td>1～2</td><td>3～4</td><td>5～6</td><td colspan="2">7～8</td></tr>
<tr><td>上肢</td><td>1～8</td><td colspan="5">1～2 拍：左腿侧弓步，右腿伸直侧点地，3～4 拍：还原至身体直立，5～8 拍：同1～4 拍动作，但方向相反</td></tr>
<tr><td>上肢</td><td>1～8</td><td colspan="5">1～2 拍：双手从右侧开始，伴随重心移动向前推水，3～4 拍：屈臂收至胸前，5～8 拍：同 1～4 拍动作，但方向相反</td></tr>
<tr><td colspan="2">面向</td><td colspan="5">1 点</td></tr>
<tr><td colspan="3">4×8 拍</td><td colspan="5">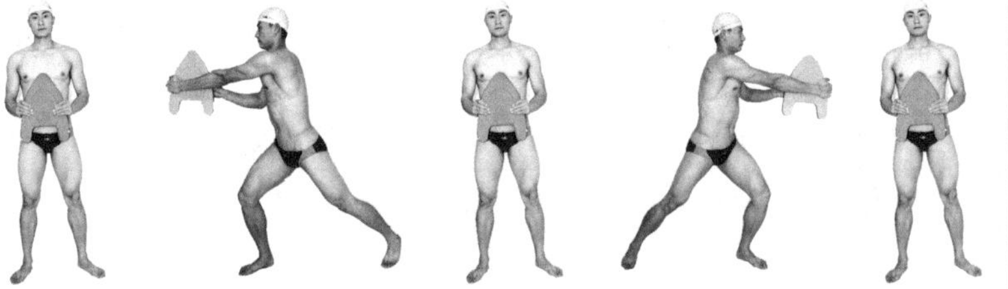</td></tr>
<tr><td rowspan="4">动作描述</td><td colspan="2">节拍</td><td>预备姿势</td><td>1～2</td><td>3～4</td><td>5～6</td><td>7～8</td></tr>
<tr><td>下肢</td><td>1～8</td><td colspan="5">预备姿势：两腿开立，1～2 拍：左腿撤成右侧弓步，3～4 拍：还原，5～8 拍：反向</td></tr>
<tr><td>上肢</td><td>1～8</td><td colspan="5">预备姿势：两手握垂直板的两侧，1～2 拍：左臂发力经前推向右侧，3～4 拍：用力向前划水收回，5～8 拍：重复 1～4 拍动作，但方向相反</td></tr>
<tr><td colspan="2">面向</td><td colspan="5">1 点、3 点、7 点</td></tr>
</table>

四、双人操

动作说明： 双人操案例组合共由 4 个 8 拍动作组成，每组动作均是借助基本步伐动作，通过双人练习来增加协调性，并通过完成一些抗阻练习来增强身体的各项素质。所选音乐节拍清晰、节奏欢快，音乐速度为 20 拍/10 秒左右。

<table>
<tr><td colspan="3">1×8 拍</td><td colspan="5">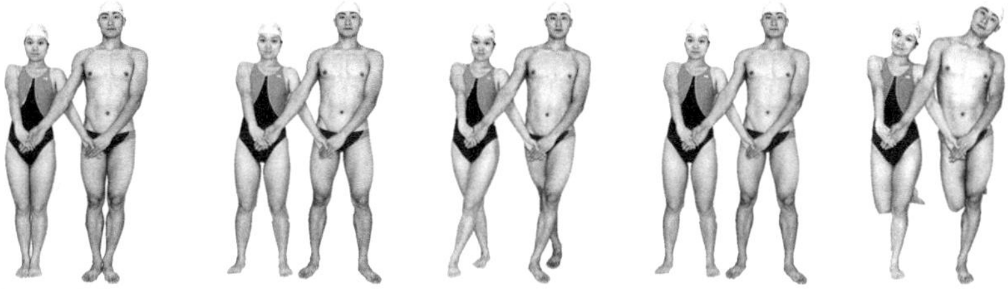</td></tr>
<tr><td rowspan="4">动作描述</td><td colspan="2">节拍</td><td>预备姿势</td><td>1~2</td><td>3~4</td><td>5~6</td><td>7~8</td></tr>
<tr><td>下肢</td><td>1~8</td><td colspan="5">预备姿势：直立，1~2 拍：左脚向左侧横跨一步，3~4 拍：左脚在右脚后交叉，5~6 拍：同 1~2 拍动作，7~8 拍：右腿后屈</td></tr>
<tr><td>上肢</td><td>1~8</td><td colspan="5">1~8 拍：两臂下举于腹前，交叉互握</td></tr>
<tr><td colspan="2">面向</td><td colspan="5">1 点</td></tr>
<tr><td colspan="3">2×8 拍</td><td colspan="5">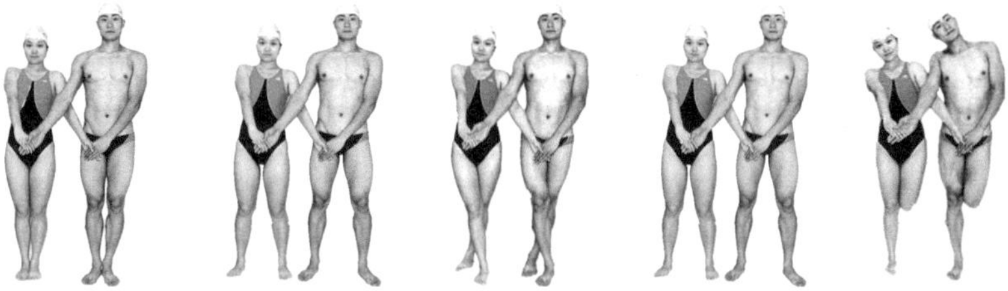</td></tr>
<tr><td rowspan="4">动作描述</td><td colspan="2">节拍</td><td>预备姿势</td><td>1~2</td><td>3~4</td><td>5~6</td><td>7~8</td></tr>
<tr><td>下肢</td><td>1~8</td><td colspan="5">预备姿势：直立，1~2 拍：右脚向右侧横跨一步，3~4 拍：右脚在左脚后交叉，5~6 拍：同 1~2 拍动作，7~8 拍：左腿后屈</td></tr>
<tr><td>上肢</td><td>1~8</td><td colspan="5">1~8 拍：两臂下举于腹前，交叉互握</td></tr>
<tr><td colspan="2">面向</td><td colspan="5">1 点</td></tr>
<tr><td colspan="3">3×8 拍</td><td colspan="5">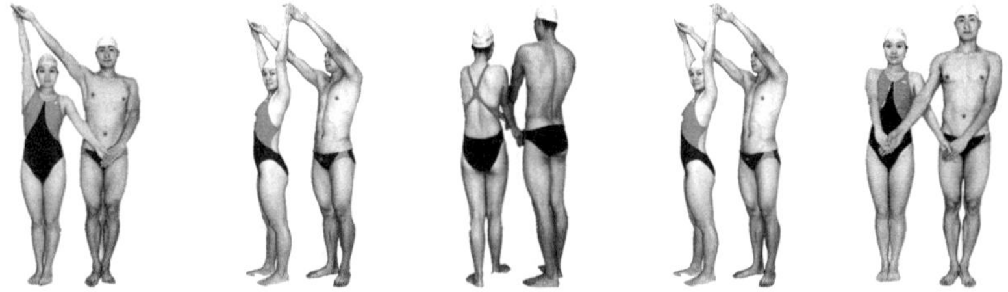</td></tr>
<tr><td rowspan="4">动作描述</td><td colspan="2">节拍</td><td>预备姿势</td><td>1~2</td><td>3~4</td><td>5~6</td><td>7~8</td></tr>
<tr><td>下肢</td><td>1~8</td><td colspan="5">1~2 拍：右脚向侧后迈，身体右转，3~4 拍：转体 180 度，左脚并右脚，5~8拍：同 1~4 拍动作，但方向相反</td></tr>
<tr><td>上肢</td><td>1~8</td><td colspan="5">预备姿势：由男伴右手引领女伴右手先起，1~2 拍：双手互握上举，3~4 拍：收回腹前，5~8 拍：同 1~4 拍动作，但方向相反</td></tr>
<tr><td colspan="2">面向</td><td colspan="5">1 点、5 点</td></tr>
</table>

续表

4×8 拍			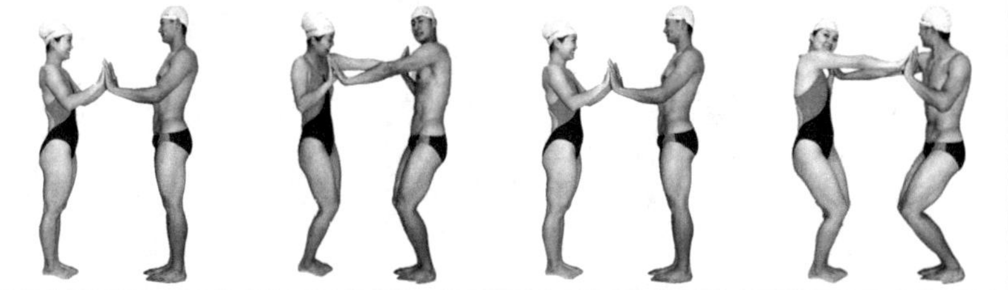			
动作描述	节拍		预备姿势	1 ~ 2	3 ~ 4	5 ~ 6
	下肢	1 ~ 8	预备姿势：两人面对面并立，1 ~ 2 拍：两腿屈膝，3 ~ 4 拍：还原，5 ~ 8 拍重复			
	上肢	1 ~ 8	预备姿势：两人手臂胸前竖屈，两手相对，1 ~ 2 拍：两人同时做推直左臂、右臂屈的对抗性练习，3 ~ 4 拍：还原成预备姿势，5 ~ 8 拍：同 1 ~ 4 拍动作，但方向相反			
	面向		3 点、7 点			

第六章　运动处方在水中健身中的运用

第一节　水中康复的基本原则

水中健身是充分利用水的自然特性与水中运动的生理生化基础知识对练习对象进行治疗、训练，以达到练习者缩短康复治疗期，尽早恢复生活、劳动能力的一种锻炼方法。人们通过长期的实践，不断总结成功的经验和失败的教训，通过科学地探索与认识客观规律，把实践获得的经验与科研成果归纳为理性认识，以文字的形式加以表述，从而提出了用以指导体育康复的一些科学原则。水中康复是体育康复学学科中的组成部分，因此在练习中必须遵循体育康复的基本原则与特殊原则。其中，体育康复的基本原则是指在现代体育康复中应当遵循的、有普遍社会意义的基本要求和根据，是对体育康复提出的较普遍、较客观的要求，而不具有个别、具体的特性。

一、意识性原则

意识是人类反映客观事物的思维方式，是客观事物在头脑中的反映。健身运动处方的意识性原则主要是指对锻炼目的、健身途径和健身效果的思维定式，是有意识地进行健身、完善身体，以获得延年益寿的思维结果。

水中康复运动处方的意识性原则，首先要注意原则的指向意识。人们的活动，除了有机体的自律活动和反射活动外，所有的活动方式都伴随着一定的意识，只不过是意识的程度和意识的准确性不同。而意识的准确性主要取决于科学文化知识的深度与广度以及逻辑思维的精确度。

水中康复运动处方锻炼的意识与水中竞技训练的意识有着本质的区别。前者的意识指向是健身、增寿的问题，而后者的意识指向则是为提高运动技艺。两者的意识指向不可替换或混同，否则，健身锻炼与竞技训练必然出现盲目性。健身运动处方的意识性原则是增强体质、完善身体的意识，而不是提高运动技术水平的意识。

增强体质的规律和过程是十分复杂的，但随着科学的不断发展，人们对其认识也越来越清楚、越来越深刻。也可以说，对健身目标的选择就是健身增寿。

健身目标一经确定，其余就是为实现这一目标而有意识地参与健身活动、提高健身锻炼的积极性，并有意识地观察健身效果。随着现代体育科学的发展与完善，增强体质的规律和方法已被揭示，也就是说，健身锻炼的中心不在于运动技能的学习和创新，而在于异化过程占优势的健身锻炼过程和同化作用占优势的健身恢复过程。

因此，在遵循意识性原则的时候，要注意健身实施的可行性和方法的便捷性，要正确地选择健身的手段和方法，并且有意识地体会锻炼的强度、时间和频度，并观察其效果；还要根据效果的反馈不断地调节锻炼的强度、时间和频度。在锻炼恢复过程中，要结合健身目标合理地搭配饮食，以适应健身运动后身体对健身目标的需要。

在遵循意识性原则的同时，要加强对健身运动的效果实施评价。把对健身运动效果的评价作为评定健身目标的主要依据，从而能够增强健身者自我健身锻炼的意识。

二、个别性原则

个别性原则是指在实施水中健身运动处方的过程中，每个人按其体质状况和特点选择适当的锻炼内容、手段、方法和运动负荷，以达到增强体质的目的。

在遵循个别性原则时，需要针对个人的体质特点确定锻炼的强度、时间，应用的手段也要根据其体质评价状态来选择能有效增强体质的方法，这是水中康复运动处方的基本原则。

水中康复运动处方的个别性原则分为可接受性和个别对待两大因素，所以，必须针对自身体质状况运用正确的锻炼方法安排运动负荷量。在锻炼后的恢复期中，结合健身目标配制饮食，保证为健身目标提供足够的能量储备，达到促进身体恢复的目的。

三、整体性原则

整体性原则是指导运用水中康复运动处方来完善身体和身心全面发展的重要的健身准则。人体是在大脑皮层统一调节下的有机体，人体各系统的功能是互相联系和互相促进的，同时各系统又有独立的功能，它们之间不可互相替代，因此，要全面地发展和完善身体。如何贯彻全面性原则呢？我们认为，在选择运用水中康复运动处方时，要考虑处方内容、方法和对身体锻炼的部位、顺序和效果。针对锻炼的目标和避开身体的受伤部位，正确运用水中康复运动处方的方法和手段，从而达到身心的全面发展。

四、循序渐进原则

水中康复渐进性原则的运动处方是依据逐渐增强体质的规律，应用处方的内容和方法来锻炼身体所确定的法则。它按照以身体承受负荷能力的现有水平为基础并逐步提高运动负荷量的原则。

如果长时间用同一种负荷的运动训练方法进行康复训练，并不能达到增强体质和提高身体健康水平的要求，它只能对现有的身体状况起到一定的维持作用；如果这种负荷突然发生改变，例如突然增大某一次的运动强度、运动时间，则违背了渐进性原则，同时也不符合身体的运动规律，甚至可能导致身体机能失调，破坏同化优势的法则，使身体受到伤害，更谈不上增强体质。

水中康复运动处方的渐进性原则在满足身体运动规律的基础上增强体质。在实施过程中，要求针对人体体质状况逐步增强锻炼的难度和负荷量，增加时间和每次增大的负荷量应按照负荷和有效范围内所规定的时间和量确定增长的指标，并且按照这个指标安排增长的强度和阶段时间。

客观存在的一切事物都是按照由量变到质变的规律发展的，所以，应按此规律去认识渐进性。但是，在增强体质以获延年益寿的健身锻炼中，显然不能天天平均加量，应该依照人体运动的适应性和科学性以及超量负荷的要求，有阶段地逐步增加锻炼的负荷量。在对人体施加一定的运动负荷和一定的时间和次数之后，身体的机能才能产生一定的变化，体质才能加强。所以，增强体质的过程是有阶段性的，在实施水中康复运动处方的渐进性原则过程中，应按照体质适应性变化的阶段去掌握渐进的步骤。

五、反复性原则

反复性原则是指用水中康复运动处方的手段反复训练来增强体质的过程。科学表明，在外界环境条件作用下人们经常处于适应变化之中，锻炼的结果并不是长时间不变的，所以需要反复多次的连续锻炼。

在遵循反复性原则过程中，既要有充分的运动时间，又要有适当的休息。根据同化优势原则，为了有效地增强体质，锻炼之后必须要休息，使机体在恢复过程中产生同化优势，如此往复，连续进行。运动锻炼的数量和间歇的关系：运动强度大，则反复次数少而间歇时间长；运动强度小，则反复次数多而间歇时间短。间歇时间的长与短、运动强度的大与小、重复次数的多与少，不能用一个定量来规定，要以恢复的状态来调节。在实施水中康复运动处方锻炼时，应隔日进行一次锻炼，使机体在恢复过程中让同化优势充分体现后，再进行运动锻炼，这样增强体质的效果才会明显。

总之，水中康复运动处方的原则是身体锻炼过程中客观规律的反映。健身运动过程的本质决定了身体锻炼过程的客观规律是人体体质增强的客观规律。这个原则反映了人体体质增强过程中物质代谢的异化过程和同化过程，也就是说，这是身体锻炼过程和体力恢复过程的反映。它是非常完善的健身锻炼原则。

第二节　常见疾病的水中健身运动处方

一、冠心病

冠心病又叫缺血性心脏病，其主要病理改变是脂质斑块在冠状动脉壁沉积，造成动脉管腔狭窄甚至闭塞，导致心肌供血不足而引起的心脏病。其结果会造成心绞痛或心肌缺血坏死（心肌梗死），甚至造成心源性猝死。这种疾病是中老年人最常见的多发病，也是引起中老年人死亡的首要原因。在冠心病中，心绞痛是一种突出的症状，常在过度兴奋、疲劳、受凉或饱食之后发生。疼痛的位置常在胸骨上、中部之后，可以从前区放射至肩、上肢或背部，有各种疼痛的性质，如胸闷、压迫感、紧束感。疼痛发作时使人有濒死的恐惧，发作时间持续 1 ~5 分钟。心绞痛发作时伴有血压升高、心率加快等现象。

（一）水中健身防治冠心病的机制

适当的水中有氧运动可增强体质，并对防治心血管疾病具有重要意义。水中健身能降低安静和运动时的心率，降低安静和运动时的收缩压和平均动脉压，从而使心脏的做功减少；另外，运动训练还可减少循环血液中儿茶酚胺的水平，从而使心脏的耗氧量下降。水中健身后骨骼肌内线粒体数目和体积增加，促进骨骼肌功能增强；还可以促进血管舒张功能增强，加强心血管功能的调节作用；水中健身还可减轻肥胖、消除情绪紧张、增加病人对生活的信心和乐趣。

总之，水中健身对心血管疾病的治疗和康复有着重要的理论和实际意义。

（二）冠心病康复水中健身运动处方

【运动目的】

（1）提高心脏功能，增加对体力负荷的耐受量，消除各种易患因素，将心血管病减轻到最低限度。

（2）提高血液循环系统的功能，提高心肌供氧量，改善缺血区的血液流动量，加强心脏对氧的利用能力。

（3）降低血液的黏稠度，降低血液胆固醇含量，预防冠心病的复发。

【运动种类】

（1）上肢运动项目（图6－1）如游泳、划船、水中健身操等。由于大部分病人参加的工作主要为上肢劳动，所以运动种类应有上肢运动项目。

图6－1　上肢运动项目

（2）下肢运动项目（图6－2）如水中走步、水中健身跑。健身跑的运动强度较高，除非病人进行了运动试验无不良反应，并且开始时应有适当监护，否则不宜采用。

图6－2　下肢运动项目

（3）全身水中放松功（图6－3、图6－4）：

①瑜伽树式站立，集中思想，排除杂念入静、放松。用普通呼吸调息3分钟。

图6－3　全身水中放松功——瑜伽树式站立

②两手从上至下，轻轻自然拍打全身，反复进行10次。

③吸气时意念静止，呼气时意念涌泉（脚心）。

④两手指微屈，从头到脚轻轻叩击全身10次，然后收功水中仰卧30分钟。

图6－4　全身水中放松功——水中仰卧

【运动强度】

运动时的靶强度应以症状限制性运动试验的强度为最大运动强度，或运动强度控制在本人最大心率的50%～85%。在缺乏监护措施时，开始运动可控制在本人最大心率的50%，当运动适应后，再逐步增加，最好稳定在本人最大心率的70%左右。对于无条件进行症状性运动试验的患者，可采用年龄预计公式：靶心率＝180（170）－年龄（岁），其中170适应于恢复期较短或病情有反复、体质较弱的患者，180适应于已有一定锻炼基础、体质较好的患者。

一般取最大摄氧量的60%，从小强度逐渐过渡到中等强度。较为理想的是进行症状限制性运动试验，取其最大心率的50%，相当于运动时心率在110～130次/分范围。

【运动时间】

准备活动通常包括 3 ~5 分钟的水中行走和 10 ~15 分钟的水中四肢及全身活动，如水中保健操。整理活动进行 5 ~10 分钟的水中慢走、自我按摩或其他低强度的放松。

运动时间的确定应考虑运动强度、心功能级别等因素。年龄较轻、心功能较好的患者可用短时间、较高强度的搭配方案；高年龄及心功能较差者则相反，运动时间通常以 15 ~30 分钟为宜。对运动强度较低的病人，在运动后未发现不适反应时，宜先从延长运动时间来调整合适的运动量，以后再考虑增加运动强度。

【注意事项】

（1）运动量是否合适，应以个人运动后的反应为标准。合适的运动量的反应应是运动后精力充沛、充满活力、食欲增进、睡眠改善，并且心率常在运动后 20 分钟内恢复至安静时的心率，次日晨醒时的安静心率比较恒定并有变慢趋势。反之，即为不合适，宜重新确定运动强度和运动时间。

（2）每天运动的时间尽量做到有规律，选定时间后最好不要经常变动，这样可以形成良好的作息，并且要持之以恒。选择运动时间带与高血压病人相同。

（3）在停止活动一段时间后再训练时，要减量运动，即使短至 1 ~3 周不活动，训练效应也会开始消退，机体的有氧能力已有降低，因伤病卧床后更为明显。如仍按原来的运动进行活动，易发生心血管或骨骼、肌肉的并发症，故应降低 1 ~2 个水平的强度重新开始活动，并逐步恢复至原先的做功水平。

（4）病人如果患有骨科疾病，如膝、腰、背等部位的疾病，建议尽量避免下肢的运动，最好选择用上肢及腹部的运动来替代。

（5）运动后不应立即用热水洗澡，避免发生血压下降或心律失常。

（6）运动一定要遵循医生嘱咐，因为平时未参加运动，有了疾病才进行运动，如运动不适当会增加心脏的负担，增加心跳次数。所以，本处方主要为在医生控制运动量的情况下，平时加强有指导、有规律的运动，以预防心脏病的发生。

二、高血压

（一）高血压概述

高血压，又称原发性高血压，是一种初期以血压增高，从而导致心、脑、肾脏等重要器官损害的独立的全身性疾病。其病理为中枢神经系统功能失调，使全身小动脉长期处于收缩状态而造成心搏血液阻力增大，致血压升高。

我国按世界卫生组织规定，将血压超过 21.328/12.664 千帕（160/95 毫米汞柱）列为高血压。我国高血压的发病率一般为 7.30% ~11.19%，20 岁以下的为 3.11%，以 30 ~60 岁为多见，40 岁以上的发病率比 40 岁以下的高 3 倍以上，60 岁以上患病率男性在 30% 左右、女性在 50% 以上。现代医学认为，高血压是脑中风和冠心病的主要危险因素。

（二）高血压康复水中健身运动处方

治疗高血压的有效辅助疗法之一是水中健身康复训练法，通过康复训练能够使患者血压降低、改善疾病的症状、巩固治疗效果等。水中健身康复训练主要适用于轻症高血压。

【运动目的】

（1）作用于大脑皮和皮质下血管运动中枢，使血压下降。

（2）调整植物神经系统的功能，降低对肾上腺素能的反应性。

（3）改善血流动力学反应，从而提高对体力活动的适应性，提高活动能力。

（4）改善情绪。情绪激动是引起高血压波动的原因之一，而情绪容易激动又是高血压患者的共同特点。参加水中健身可调节性情、改变不良性格，从而减少血压波动幅度，并有助于减少神经功能症症状。

【运动方法、强度、时间】

高血压人群一般采用强度较低的运动方式进行康复训练。运用水中漫步、水中气功及水中瑜伽等方式，运动方式及手段可根据患者主客观条件适当选择。

常采用的简单易行的方法有水中快走或慢跑，速度保持在 120 步/分（约 7 千米/小 =2 米/秒）。运动心率、强度、时间及运动总量等参见表 6－1。

表 6－1　运动心率、强度、时间及运动总量

强度 时间	50% $\dot{V}O_{2max}$、心率为 120 次/分或最大体力的 50% 每次 60 分钟，约消耗 1 255 千焦耳（300 千卡）
频度 运动总量	每周 3 次，持续 20 周 累计运动时间达到 1 000 分钟以上
锻炼 方法	①隔日 1 次，每次 60 分钟，周计 180 分钟 ②每日 1 次，每次 30 分钟（星期日休息） ③隔日 1 次，每次 30 分钟或 60 分钟交替，周计 180 分钟

【注意事项】

（1）药物治疗要与正确的锻炼相结合：运动疗法和药物治疗都很重要，只有两种治疗方法结合起来才能够达到更好的效果。运动治疗后可逐步将药物剂量减少到能维持血压平稳的最低量。有报告显示，平均用药量可减少 33% ~66%，约有 1/3 的患者可完全停药而由运动疗法长期保持血压平稳。

（2）控制体重和改变饮食习惯：国外防治高血压的专家认为，患有轻度高血压并不需要药物治疗，只要多进行体育锻炼、控制体重、饮食搭配合理，便可以把血压降至正常水平。不恰当的饮食习惯容易造成高血压的加重，如多盐、多糖、多肉会导致体重增加、血压升高，所以要注意控制饮食，同时还要注意加强对酒水摄入的控制。只要减掉 4 ~5 千克的体重而且保持体重不再增加，通常能够使血压降至正常水平。患轻度高血压者如果减少食盐的摄入，有 1/4 的人可以恢复正常血压。

（3）高血压患者应增强自我意识，自觉监督自己的生活习惯，锻炼中安排好计划，保证充足的睡眠，既要锻炼好，也要休息好。在锻炼时不能急于求成，尽量不要做屏气和头朝下的动作，更不能参加对抗性剧烈的比赛。

（4）要自我重视，每天测量血压。有计划地进行体育锻炼，一般要求在锻炼后 4 小时内心率与血压恢复正常，最迟不得超过 24 小时。定期复查，治疗和锻炼应由医生做出修改或补充。

（5）在运动中注意防止伤害，安全第一。

三、肩周炎

（一）肩周炎概述

肩关节周围炎简称肩周炎。现在这种病症越来越普遍，越来越年轻化，以女性病人多见。因此，应尽早开始进行预防性的肩部运动，特别是女性。中医认为，肩周炎多由于年老体弱、肝肾亏损、气血虚衰、兼操劳伤损、风寒湿邪侵袭等导致血不荣筋、痰浊瘀阻经脉及关节等所致。

肩周炎为肩部软组织无菌性炎症，这个病是长年病症积累而成的，并没有明显的外伤。它主要是由于肩部肌肉受到细微的损伤后，又受到了风寒，导致肌肉的生理功能下降；肌肉代谢受到影响，出现粘连。当粘连发展到一定程度时，就发生了肩部疼痛和肩关节活动障碍。患者会减少肩部运动来减轻疼痛，这样就更加重了肩部关节滑囊及周围肌腱等变性、钙化或退行性变化的粘连。不断的恶性循环更加重了病情，直至肩关节的活动范围完全受限。

根据不同时期的症状，应选择不同的运动恢复处方。病症还没有表现出来的时候，应加强肩部的活动，保证各个方向都能锻炼到；在病症表现出来的初期，肩部会有轻微的酸痛感觉，活动出现障碍，这时即使疼痛也应坚持进行肩部锻炼，防止肩部周围软组织粘连。活动时，也应在自己忍受疼痛范围内进行。

（二）肩周炎康复水中健身运动处方

【运动目的】

（1）积极地改善肩部血液循环及代谢，缓解肌肉痉挛，改善粘连，减轻疼痛。

（2）增强肩部各环节肌肉功能，促进肩部功能恢复，保持肩关节的活动范围。

（3）抑制病情进一步恶化，加快肩部功能的康复。

【运动方法】

肩关节是所有关节中最灵活的，肩关节的活动范围最大，因此能够做各种各样的动作。按理讲，只要健侧肩关节能完成的动作，都能够作为锻炼方法。对已经患上肩周炎的病人来说，哪个运动姿势出现了困难就应该多加练习，应忍痛加强动作锻炼，必要时可以运用器械进行锻炼。常见的肩周炎康复水中健身运动处方有以下几种。

（1）水中展臂运动：站立，双脚两侧打开，双臂向上抬起，双手掌心朝前，头部上扬。连做3～5次。（图6－5）

图6－5　水中展臂活动

（2）水中后弯运动：俯站立位，两人双臂自然向上抬起，掌心相对；双脚自然分开，躯干自然后仰。连做4～5次。（图6－6）

图 6－6　水中后弯运动

（3）体转运动：两脚开立，与肩同宽，两手叉腰，向左右侧交替转体，同时同侧手向后摆，眼望掌心。连做 4～6 次。

（4）水中下蹲运动：两腿开立做下蹲练习（要蹲深，足跟不要离地）。连做 4～6次。（图 6－7）

图 6－7　水中下蹲运动

（5）水中下肢运动：立正，双手叉腰或手拿水中健身棒，出左腿呈弓步。左右交替练习，连做 6～8 次。（图 6－8）

图 6－8　水中下肢运动

【运动时间】

每次锻炼应持续约 30 分钟，每个动作可重复 6～7 遍。每天最好在同一时间段练习，最好选择在身体最佳状态时锻炼。每周锻炼5~6次。坚持做这些动作的练习能够有效地缓解疼痛及治疗肩周炎。如果已经患上肩周炎，只要坚持锻炼，6~8周就可见到明显效果。

【注意事项】

（1）一定要循序渐进地进行动作练习，避免一时性急用力过猛，使病情加重。

（2）要按时进行锻炼，每天锻炼的强度也要一定，每次练习约半小时，不然会使肩部疲劳，不利于病情的恢复。

（3）活动量要适度。要根据自己的承受能力进行锻炼，保证一定的练习量，不能操之过急，否则易造成新的损伤，使病情加重；但也不能因怕疼痛而减小动作的力度，否则锻炼没有什么效果。而动作的幅度要求尽量大，以能够达到的范围为度，但不要超出正常的范围。每次锻炼持续30分钟左右，每个动作可重复5~10遍。

四、下腰痛

（一）下腰痛概述

下腰痛是由于久坐、久站或长时间弯腰，腰背肌肉缺乏锻炼，使肌肉、腰椎韧带和关节负担过重而引发的疾病。在急性扭伤或牵扯伤后，没有进行彻底治疗，使受伤部位得不到很好的医治，导致受伤部位血与渗液纤维化，在肌肉和其他组织粘连的情况下，也能发生腰肌劳损，其主要症状为腰酸、腰痛，进一步发展导致为腰部活动障碍等。腰肌劳损后，腰肌经常处于紧张状态，甚至痉挛，脊柱活动受到限制。

（二）下腰痛康复水中健身运动处方

【运动目的】

放松腰肌和下背部肌肉，增加脊柱的活动度，增强腰背肌力量，改善血液循环，促进渗液和瘀血吸收，消除酸痛。

【运动方法、强度、时间】

对于下腰痛的人群，选择游泳健身效果最为显著。游泳时，水的阻力比空气阻力大820倍，两臂划水的同时两腿打水或蹬水，全身肌群都参加了活动。根据流体力学速度阻力平方成正比的定律，人体在水中运动，速度若增加2倍，阻力就增加

4 倍。因而，游速越快，阻力越大，促使全身肌肉得到良好的锻炼，特别是腰部肌肉力量的发展最为显著。游泳时，肌肉紧张和肌肉放松相互交替，长时间周期性的练习，使全身肌肉变得柔软而富有弹性，可以很好地减缓甚至治愈下腰疼痛的症状。表6－2 为各年龄阶段下腰痛水中健身大运动处方，表 6－3 为下腰痛 10 周游泳运动处方。

表 6－2 各年龄阶段大运动处方

年龄	30 岁以下				30～39 岁				40～49 岁				50 岁以上			
周次	距离/米	时间	每周次数/次	每周得分/分	距离/米	时间	每周次数/次	每周得分/分	距离/米	时间	每周次数/次	每周得分/分	距离/米	时间	每周次数/次	每周得分/分
1	90	2′30″	5	7	90	2′30″	5	4	90	2′30″	5	4	90	2′30″	5	4
2	130	3′00″	5	6	130	3′00″	5	5	130	3′15″	5	5	130	3′45″	5	5
3	180	4′00″	5	7.5	150	3′45″	5	6	150	4′00″	5	6	150	4′15″	5	6
4	220	5′30″	5	10	180	4′00″	5	7.5	180	4′30″	5	7.5	180	4′15″	5	7.5
5	220	5′00″	5	10	220	5′15″	5	10	180	4′15″	5	7.5	180	4′30″	5	7.5
6	270	6′00″	5	12.5	220	5′00″	5	10	200	5′00″	5	10	180	4′15″	5	7.5

表 6－3 10 周游泳运动处方

星期	距离/米	时间	每周次数/次	得分/分
1	275	12′00″	4	6.2
2	275	10′00″	4	7.5
3	365	13′00″	4	10.2
4	365	12′00″	4	11.1
5	455	14′00″	4	14.9
6	455	13′00″	4	16.0
7	550	16′00″	4	18.8
8	640	19′00″	4	23.5
9	730	22′00″	4	28.2
10	820	22′30″	4	36.0

注：表选自刘纪清、李国兰．实用运动处方［M］．哈尔滨：黑龙江科学技术出版社，1993。

【注意事项】

（1）由于下腰痛的病因较复杂，腰肌劳损发病时症状轻重不一，且易反复发病，因此，要在医生的建议下制订切合实际的运动训练计划，并坚持按照训练计划进行锻炼，方能取得满意的效果。

（2）康复方法可选水中健身和其他方法同时进行。对腰部疼痛的体育康复，一定要量力而行，循序渐进，从增加锻炼时间过渡到逐步增大力度。

（3）为了防止腰肌劳损的发生和复发。除平时要加强腰背肌锻炼、注意天气变化、夏天不要贪凉外，还要注意工作、生活中的正确姿势和用力方法，以免加重病情。

五、关节炎

（一）关节炎概述

关节炎是指关节出现疼痛、肿胀的现象，严重的可能会导致活动障碍和肢体变形的疾病。发病原因比较多，可能是细菌感染引起的化脓性关节炎、外伤导致的创伤性关节炎、风湿病引起的风湿性关节炎，也有其他原因导致的类风湿性关节炎等。关节炎发病率较高，是一种常见病。

（二）关节炎康复水中健身运动处方

【运动目的】

通过锻炼改善关节活动情况，促进局部血液循环，使关节代谢和营养得以提高，加强肌肉、韧带的功能，提高肌肉力量。

【运动强度】

关节炎患者在急性期与亚急性期，一般患肢均有运动障碍，运动量应控制在每分钟最高心率 100 ~ 120 次，由低等强度向中等强度过渡。对临床症状已基本好转者，运动量可控制在每分钟最高心率 110 ~ 130 次。

【运动方法、时间】

关节炎患者在水中健身康复方法的选择上，需要对身体各个关节部位有针对性地练习，并且严格控制每个动作的完成幅度与强度。

（1）腕关节：站立水中，两脚开立，与肩同宽，两手交叉屈肘在胸前，一只手用力下压另一只手手腕，进行弯曲、伸展练习。每日练习 2 ~ 3 次，每次 1 ~ 3 分钟。

（图6－9）

图6－9　腕关节练习

（2）肘关节：站立水中，两手下垂于体侧（也可左手托右手或反之），体前屈肘，逐步加大屈肘角度。每日练习2～3次，每次做20～30次屈肘活动。（图6－10）

图6－10　肘关节练习

（3）肩关节：①水中两脚开立，与肩同宽，两手垂于体侧，做侧平举、前平举、上举练习。每日练习2～3次，每次做10～20次举臂动作。②两脚开立，两手十指交叉举过头顶，抬头看向天空，每日练习2～3次，每次做20～30次展、合臂动作。（图6－11）

图6－11　肩关节练习

（4）踝关节：①立位。两手叉腰，重心落在一脚上，另一脚脚尖着地，做内外旋转练习。每天练习2～3次，每次1～2分钟。②坐位。坐在水池边上，两手扶池边，两脚悬空在水中做踝关节内外旋转练习。（图6－12）

图6－12　踝关节练习

（5）膝关节：身体紧靠池边在水中下蹲、起立，下蹲时尽量蹲深，脚跟不要离地。每日练习2～3次，每次做10～20个下蹲、起立动作。（图6－13）

图6－13　膝关节练习

（6）髋关节：一手扶水池边栏杆，一手叉腰，在水中单腿做前踢后摆动作。每日练习2～3次，每次做10～20个前踢后摆动作。（图6－14）

图6－14　髋关节练习

【注意事项】

锻炼时一定要严格控制运动量，循序渐进，由小到大，时间由短到长。下肢（膝关节）和骶髂关节有炎症，症状较严重者，练习时应降低运动强度与运动幅度。关节炎急性发作伴有发热、食欲下降、身体虚弱、贫血等全身症状时，暂不宜参加水中健身康复活动。

六、骨质疏松症

（一）骨质疏松症病概述

骨质疏松症是老年人最常见的代谢性骨病。其特征为全身骨量明显减少，骨组织显微结构改变，骨的脆性增高和骨折的危险性增加。男性无论是腰椎还是股骨，骨量随年龄的增加基本呈线性减少。人体运动减少，骨骼所承受的张力和拉力减少，也是骨质疏松症发病原因之一。中年人发生骨质疏松是必然现象，尤其是妇女更为严重。由此容易引起骨痛、骨折、内分泌紊乱等多种疾病。骨量与骨机械性负荷关系密切。水中健身运动能增加血中睾酮和雌二醇的浓度，有助于保持正常的性腺功能，对骨质疏松有预防作用。因此，积极地进行体育锻炼，特别是有规律地进行运动，是预防骨质疏松症的最好办法。

（二）骨质疏松症康复水中健身运动处方

【运动目的】

（1）要选择合适的锻炼方法使全身的骨骼都得到锻炼，防止关节退化。

（2）通过运动的手段来刺激骨组织，增加血中睾酮和雌二醇的浓度，保持正常的性腺功能。

（3）加快骨形成和钙沉积的速度，减少钙的丢失，预防骨质疏松症和骨折发生。

【运动类型与方法】

运动是延缓骨质疏松的最好办法，水中健身对全身骨骼的锻炼能够起到很好的作用。因此，在水中锻炼时，应选择能够对全身进行锻炼的运动，如水中跑步、水中健身操、水中瑜伽等；也可以根据自己的爱好，选择水中舞蹈、水中太极操等。要坚持进行长期锻炼，这样，不仅使人感到心情放松，而且骨质坚硬，不易骨折，身体更健康。建议不要选择技术难度小、力量要求大、运动速度快的运动。在选择合适的运动项目时，也要选择有一定的难度和技巧性的运动，以达到预防骨质疏松症的效果。

【运动强度与时间】

所选择的运动项目动作强度和难度宜小，以每天练习后感到稍有疲劳为度，休息后次日可完全恢复，否则为运动过量，应减少运动量。每次运动的时间与其他处方相似，15～40分钟为宜。可选择在任何时间进行练习。每天可进行1～2次集中练习，也可以依个人兴趣，随意安排。

【注意事项】

在水中健身过程中要保持良好的心情，以一个好的精神状态面对每天的锻炼。在练习过程中，既可选择强度和难度小的动作，也可选择那些自己感兴趣的成套动作进行锻炼。

七、减　肥

（一）肥胖与减肥

随着社会经济的发展和生活水平的提高，肥胖的人越来越多。肥胖不仅影响人的形象，给正常的生活带来许多不便，最主要的坏处就是肥胖会给人们的健康造成很大的危害。例如，肥胖易导致心血管病等多种疾病的发生。肥胖基本分为两大类：一类是单纯性（代谢性）肥胖，另一类是继发性肥胖。单纯性肥胖主要由于不合理的饮食导致的生理机制紊乱、体内新陈代谢失调、多食少动引起脂肪蓄积；而继发性肥胖是一种病理导致的肥胖症，继发于与物质代谢有关的神经系统和内分泌疾病，如间脑性、垂体性、肾上腺皮质机能亢进性疾病等。单纯性肥胖最为常见。单纯性肥胖通过调整、控制饮食，结合运动调节和改善体内新陈代谢紊乱，可达到减肥的目的。继发性肥胖通过运动调节和改善体内新陈代谢紊乱提高整体机能水平，也能收到较好的减肥效果，但减肥效果必须建立在行之有效的病因治疗的基础上。

（二）肥胖影响因素

研究认为，肥胖的发生与遗传因素、内分泌功能紊乱、高胰岛素血症、脂肪氧化代谢能力低下、能量消耗降低和摄食效率提高等关系密切。换句话说，同样进食高脂肪或高碳水化合物的人，体内新陈代谢正常者可通过增加脂肪氧化能力，使多余脂肪消耗，保持体重相对稳定。而肥胖者因内分泌功能紊乱，一方面由于体内脂肪氧化能力低下，不具备增加脂肪氧化的能力，而使脂肪易于堆积；另一方面，由于高胰岛素血症所致的新陈代谢障碍，造成碳水化合物（糖类）转化为脂肪的能力亢进，即使不进食脂肪，只要进食碳水化合物也会使体内脂肪堆积，体重增加。减肥运动不是单纯地通过运动消耗脂肪，因为多食不一定是肥胖病人普遍具有的特点，采用限制饮食地膳食疗法，或采用增加脂肪消耗的运动减肥，能在短期内降低肥胖病人的体重。但从长期看效果并不理想，肥胖的复发率很高。因此，如果不从改变脂肪堆积的原因着手，即使运动消耗了一定的脂肪，一旦停止运动，脂肪仍会不断堆积。有的人运动中因强度和时间掌握不当，虽然运动增加了能量消耗，但脂肪的动用却并不明显（因为强度过大的运动主要是利用糖的无氧酵解）。还有的人急于求成，一时心血来潮，穿着不透气的厚衣服进行高强度的运动，使身体大量排汗，通过流失水分降低体重，以为体重下降就是减肥了，但过两天体重又恢复到原来水平，这种减肥往往使身体受到其他方面的损害，所以也不可能持久坚持。即使有人能凭毅力坚持用这样的方法降体重，但导致的后果只能使身体受到更严重的损害，甚至引起新的功能紊乱。

运动减肥的主要作用是通过运动改善机体新陈代谢紊乱的状况，使身体内环境达到较好的功能协调和稳态，提高机体的整体适应能力，配合膳食改善，从根本上堵塞产生脂肪堆积的渠道，疏通身体利用和清除多余脂肪的道路，这样才能真正增强体质，防治肥胖症。

（三）水中健身对减肥的作用机制

大多数肥胖患者是由于身体新陈代谢不良、内分泌功能调节紊乱使脂肪堆积形成恶性循环。运动减肥可以对身体产生以下几方面的影响。

（1）许多人体内脂肪堆积并不是由于摄入热量过多，而是新陈代谢机能紊乱和失调。通过水中健身运动可以改善机体新陈代谢紊乱的状况，使身体内环境达到较好的机能协调和稳态，提高机体的适应能力，配合膳食改善，从根本上堵塞产生脂肪堆积的渠道，疏通身体利用和清除多余脂肪的通道。

（2）在水中进行锻炼会消耗很多的体力，通过在水中锻炼能够减少脂肪组织堆积，减轻体重，并消除各种实质性器官的脂肪堆积。

（3）水中健身运动能提高肌肉对血糖的利用率，防止多余的糖转化为脂肪，从而避免或减少脂肪在内脏器官中堆积。肌肉运动时，神经系统和内分泌系统的调节作用加强，而使肌肉内毛细血管的开放面积增大，血液供应增多，肌细胞对血液中葡萄糖的摄取和利用增加，可防止多余的糖转化为脂肪。

综上所述，最重要的是水中健身能够使肥胖患者机体的新陈代谢紊乱得到抑制和纠正，帮助肥胖患者从病因上入手根治。

（四）减肥水中健身运动处方

【运动目的】

（1）改善内分泌系统功能，使激素调节趋于正常。

（2）通过有氧运动提高机体有氧代谢能力，提高物质代谢、能量代谢水平，促进脂肪氧化利用，降低摄食效率。

（3）改善新陈代谢紊乱，缓解高胰岛素血症，增加胰岛素的敏感性。调节碳水化合物和脂肪代谢的过程，使之达到机能稳态有序化。

（4）改善心血管系统和呼吸系统机能，提高心肺功能，提高身体整体有氧代谢工作能力，增强体质。

【运动种类与方法】

肥胖症的康复体育运动种类选择必须强调有氧运动。在有氧运动范围内进行身体的水中健身全面锻炼，通常包括全身性的有氧耐力运动、低强度的肌肉力量练习、舒缓柔和的柔韧性练习等。

（1）中、低强度有氧耐力运动。一般有水中快走、慢跑步、游泳、划船、水中动感单车等大肌群参加的长时间运动。水中慢速长跑是消耗热量最多、减肥效果最明显的项目。以水中长跑为例，可具体制定：速度为 100 ~ 130 米/分，持续时间为 0. 5 ~ 1 小时，距离为 5 000 ~ 7 000 米，每日 1 次；也可以 80 ~ 100 米/分的速度，一日内分次完成数百米至 2 000 米的步行。其他周期性有氧耐力运动可参考表 6 – 4 中定量。

表 6 – 4　周期性有氧耐力运动参考定量

走·跑速度/（米/分）	能耗/［焦耳/（千克·分）］	梅脱
60	0. 33	4. 5
80	0. 41	5. 5
100	0. 48	6. 5
120	0. 56	7. 7
140	0. 64	8. 7
160	0. 71	9. 8
180	0. 79	10. 9
200	0. 87	11. 9
220	0. 95	13. 0
240	1. 03	14. 0

续表

走·跑速度/（米/分）	能耗［焦耳/（千克·分）］	梅脱
260	1.11	15.1
280	1.18	16.2
300	1.26	17.3

注：按体重 60 千克计算。

梅脱（Mets）即代谢当量，1 梅脱相当于每千克体重每分钟耗氧 3.5 毫升。

（2）低强度的肌肉力量练习。这种形式的练习是通过锻炼身体某一部分的肌肉，消耗局部脂肪，增强肌力，矫治肥胖。其主要进行四肢大肌群、躯干及腹肌的局部运动。常用的形式有各种形体锻炼的水中瑜伽、水中韵律操、水中健美操、水中健美舞等。

减肥运动处方的运动量与参加动作的肌群大小、运动的用力程度、运动节奏的快慢、运动的体位等因素有关。进行力量性运动时，运动量可以肌肉适度疲劳为度。

【运动强度】

减肥运动处方的运动种类选择要以有氧代谢供能的运动为主，强度应控制在中等以下。可根据个体的肥胖程度、有无并发症、个人的体力及呼吸、循环机能状态等选择中等强度或低强度运动。持续时间较长的中等强度有氧运动有利于脂肪酸的分解利用，减肥运动的强度一定要控制在中低运动强度。运动中以冬天微出汗、感觉没有明显的喘息为度。例如，可以一边运动一边与人轻声交谈，不觉得喘气、可以独自轻声哼歌等。当然这主要指身体其他器官没有明显疾病的减肥运动者。身体运动强度的评定指标是最大摄氧量和心率。具体如下。

（1）大强度运动的最大摄氧量可达 100%，其相应心率为每分钟 160 ~ 180 次。

（2）中等强度运动的运动强度为 50% ~ 60% 的个体最大摄氧量，其相应心率为每分钟 120 ~ 150 次。

（3）低强度运动的运动强度为 40% 以下的个体最大摄氧量，其相应心率为每分钟 120 次以下。

减肥运动强度的确定还应以肥胖程度的减轻所应消耗的能量为依据。

中国人一般常用的标准体重计算公式之一为：

$$体重（千克）= 身高（厘米）- 105$$

如超过标准体重的 10% 为超重；超过标准体重的 20% 为肥胖；超过标准体重的

50%为重度肥胖。一般中等强度的运动所消耗的能量为 850～950 卡/日；低强度运动所消耗的能量为 500～600 卡/日。表 6－5 为肥胖评定表。

表 6－5 肥胖评定表

体重增减	胖瘦评定
低于标准体重的 25%	Ⅲ度消瘦
低于标准体重的 20%～24%	Ⅱ度消瘦
低于标准体重的 10%～19%	Ⅰ度消瘦
低于或超过标准体重 10% 以内	正常范围
超过标准体重的 10%～19%	Ⅰ度肥胖
超过标准体重的 20%～24%	Ⅱ度肥胖
超过标准体重的 25%	Ⅲ度肥胖

【运动时间与频率】

每次中等强度的水中有氧耐力锻炼应持续 30～60 分钟以上。其中，达到适宜心率的时间必须在 30～40 分钟以上，持续 40 分钟以上效果会更好。

在计算运动持续时间时，还有两点必须注意：（1）运动持续时间的增加必须循序渐进；（2）在进行间歇性运动时，运动持续时间的计算应扣除间歇时间。

减肥运动应每日有规律地进行。减肥运动的最低有效频率为每周 3～4 次。

【注意事项】

（1）减肥运动不能急于求成，要有持之以恒的决心，运动强度不要太大，但时间要尽可能地长，持续 1 个小时以上最好。表 6－6 为减肥方法。

表 6－6 减肥方法

指标	运动疗法	饮食疗法
体脂肪减少	较多	较少
肌肉等去脂肪体重	增加	减少
体力	增强	多数下降
基础代谢	增加	减少
胰岛素敏感性	改善	稍改善
精神心理作用	积极	消极
实行的难易度	需要努力	比较容易

（2）要制订合理的饮食计划，结合运动才能取得好的效果。

（3）运动量要逐渐加大，但要根据自身的情况来选择。身体适应运动以后要逐渐加量，主要是延长运动时间。

（4）如果因某些原因不能坚持减肥运动，停止运动时要防止身体出现一时性反弹现象，应通过一段时间（约3周）的逐渐减量（如减少每天运动的时间或减少每周运动的次数等），同时还要与严格控制饮食相配合。

第七章　水中健身的竞赛组织与规则

第一节　水中健身的竞赛组织

水中健身竞赛的组织工作较为细致，大致可分为赛前准备、比赛进行、赛后结束等阶段。

一、赛前准备工作

（一）制定竞赛规程

竞赛规程是举办水中健身竞赛的指导性文件，是比赛的依据，是所有参赛单位及运动员、裁判员、教练员共同遵守的章程。

竞赛规程由主办单位根据竞赛的目的、任务和具体条件而制定。规程应写得简明、具体、准确，经主管部门审批，在赛前半年左右发给各参赛单位。竞赛规程包括以下内容。

（1）竞赛名称：说明年度（届次）、范围和性质。

（2）竞赛时间和地点：写明年、月、日及省、市、基层单位名称。

（3）参加单位：包括属于参赛范围内的各有关单位。

（4）竞赛项目：分别写出各个竞赛项目的名称。

（5）参加办法：写明参赛者报名人数及条件的规定，领队、教练员的人数规定。

（6）竞赛办法：应说明竞赛种类、进入决赛的预取名次、预取的最后名次若成绩相等的判定办法，采用何种规则等。

（7）录取名次与奖励办法：应说明各类竞赛的名次评定办法、成绩相等时的名次判定办法、录取奖励的名次规定等。

（8）裁判员与仲裁：应说明裁判员与仲裁委员的选派办法。

(9) 报名与报到：说明报名表份数、报名日期、报名表寄往何处以及运动员报到的时间与地点。

(10) 其他：包括竞赛录音带的使用与播放、食宿经费等有关问题的说明。

(二) 建立竞赛的组织机构

为使整个竞赛的各项工作能在严密的组织领导下顺利进行，要根据竞赛规模大小建立相应的组织机构。一般中、小型或基层竞赛只需成立竞赛领导小组，下设编排记录组、场地器材组、裁判组，分别负责各项竞赛工作。大型竞赛需成立组织委员会，组委会办公室下设竞赛组、宣传组、接待组等办事机构。为了有效地进行裁判工作，专门设立由3~5人组成的仲裁委员会，负责解决裁判长未能解决的问题，设立裁判委员会，负责裁判员学习、试评和比赛中的裁判工作。

(三) 编排出场顺序

水中健身竞赛一般应在赛前通过抽签决定比赛的出场顺序。

(四) 编印秩序册

秩序册的内容一般包括运动员、教练员及裁判员守则，本次竞赛的规程，组织委员会、仲裁委员会、裁判员和各代表队的名单，大会活动日程表、竞赛日程表、各场比赛出场顺序表等。秩序册应在赛前编印完成，在裁判员及各运动队报到时分发。

(五) 印制各种记录表格

裁判员工作中需要的表格有裁判员评分表等。另外，还需绘制公布成绩用的大型成绩表。

(六) 组织裁判员学习

每名裁判员都需要参加裁判学习，通过学习提高思想认识，树立严肃、认真、公正、准确的工作作风，进一步熟悉规则，深入领会规则条文，统一评分标准，观看练习，进行试评。

(七) 场地、器材的准备与检查

由场地组负责准备竞赛和练习的场地，准备音响及照明装置，准备裁判工作用具，如示分牌、红绿灯（旗）、计时表等。

二、比赛进行

（一）比赛中的几项主要工作

（1）检录工作：检录员按比赛场次、项目及总体出场顺序进行及时、无误的点名检录。一般要求提前做好准备，赛前10分钟开始先检录前几个队上场的运动员，比赛开始后按顺序陆续检录，并指挥运动员亮绿灯后出场。

（2）评分工作：裁判员对运动员完成的动作进行现场独立评分，并填写评分表，转交裁判长。同时，裁判长还要执行其他扣分。

（3）宣告员工作：负责宣布每场比赛开始和结束、宣布裁判员入退场、介绍仲裁委员和裁判长；宣告出场比赛队的名称、比赛项目和得分；利用比赛空隙灵活机动地介绍水中健身的内容、特点和比赛方法，进行宣传鼓动。宣告员应声音洪亮，语言纯正、清晰。

（4）记录组工作：小组记录员在单项记分表上登记本项目每名裁判员的评分及裁判长的扣分，计算各队的最后得分。总记录组负责核对、登记、计算和判定名次，每场比赛结束后及时印发成绩公报，张贴公布成绩，整个比赛结束后及时印发成绩册。

（5）放音员工作：负责收集、保存、交还各队的录音带，并按各队的出场顺序，准确无误地播放每套动作的音乐。

（二）比赛进行的一般程序

宣告员宣布比赛开始，介绍本场比赛的仲裁委员、裁判长，接着开始比赛。各队按出场顺序完成比赛动作后，裁判员立即评分，然后下一个队再出场比赛。每次报分是上一个队的成绩。

三、赛后结束

（1）宣布成绩，举行颁奖仪式。

（2）竞赛组及时编印成绩册，在各运动队离会前将成绩册发给各参赛队、裁判员及有关部门。

（3）大会各部门及时进行工作总结。

（4）接待组安排运动队离会。

第二节　水中健身竞赛规则

全国水中健身竞赛采用的竞赛规则为2016年修订版。

一、总　则

（一）宗　旨

通过竞赛杠杆的示范作用，推动水中健身活动在大专院校、健身场所、游泳场馆及俱乐部的普及与开展，促进全民游泳健身运动的发展。

（二）目　的

（1）为水中健身竞赛提供统一的规则。

（2）为裁判员公正、准确地评判提供依据。

（3）为参赛者提供训练和比赛依据。

二、比赛通则

（一）比赛项目

（1）徒手集体规定动作操。12个规定动作中，至少使用8个，按顺序编排成套。每个动作至少重复4次，水下动作累计时间不少于2分钟。

（2）水中双人、集体健身棒操。队中每人必须使用健身棒，且器械在水下的时间累积不少于1.5分钟。

（3）水中双人、集体板操。队中每人必须使用打水板，且器械在水下的时间累积不少于1.5分钟。

（4）水中双人、集体划手掌操。队中每人必须双手均佩戴划手掌或阻力手套，且器械在水下的时间累积不少于1.5分钟。

（5）深水集体徒手操。队中每人需佩戴浮力腰带在深水或浅水中进行，双脚不能接触池底。

（6）每队可以在上述项目中选择 4 个项目参赛，但规定动作为必报项目（集体）。每个项目套路必须使用不同的音乐。

（二）比赛组别

（1）学校组：分为体育院校组、普通高校组、中学组和小学组。也可分为双人操和 8 人集体操。

（2）成人各组：分为双人操和 8 人集体操。

（3）年龄规定：

① 50 岁以上组。所有成员年龄需在 50 周岁以上。

② 36～50 岁组。成员年龄在 36 周岁以上，50 周岁以下。允许 1～2 人年龄超过 50 周岁。

③ 18～35 岁组。成员年龄在 18 周岁以上，35 周岁以下。允许 1～2 人年龄超过 35 岁。

（三）出场顺序

比赛的出场顺序在赛前技术会上通过抽签决定。

（四）比赛场地与设备

（1）泳池，比赛可在 50 米或 25 米标准泳池中进行。

（2）比赛区域，在池中 20 米长、20 米宽的区域内进行比赛。

（3）水的温度，水温 27～30 摄氏度，比赛水深为 1.0～1.4 米。

（4）比赛须配备音响设备，可使用分贝仪，以监测和保证每队伴奏盘音强平均声压级在 90～100 分贝内。

（5）比赛须配备摄像设备。

（五）成套动作时间为 3 分 ±10 秒。

（六）比赛音乐

参赛队自备音乐盘。

（1）成套动作音乐允许有 2×8 拍的前奏，音乐的速度为 108～132 拍，音乐的强度在 90～100 分贝内。

（2）音乐前的空白时间不能超过5秒，音乐结束后应有20秒空白。

（3）计时应以伴奏开始和结束为准，不包括提示音。整套动作要求在水中开始和水中结束。

（4）每一套动作的录音盘，必须清楚地标明音乐的时间、比赛项目、参赛队名称。

（5）参赛队指定专人在第一次练习前，联络放音员并接受审查音乐盘。

（6）抽签号确定后，填写音乐盘登记卡，交放音组。

（七）比赛服装

（1）男子须穿泳裤，女子须穿连体式泳衣。

（2）各参赛队须戴泳帽。

（3）参赛队可以统一穿水中健身鞋或赤足。

（4）领操员须着健身服、运动服和运动鞋。

（八）裁判职责

1. 总裁判和副总裁判

（1）总裁判在组委会领导下，全面负责全体裁判员的工作，明确各裁判员的职责和任务，并组织裁判员进行裁判实习和总结。

（2）总裁判应严格执行竞赛规程和竞赛规则，解决比赛中的有关问题，并可决定规则中未详尽和没有明文规定的问题，但不能修改规程和规则。

（3）总裁判应于比赛前检查场地、器材是否符合规则的规定。

（4）总裁判可随时干预比赛，以保证规程和规则得以执行，有权裁定有关比赛进行时的各种异议。

（5）总裁判为保证竞赛顺利进行，可随时指派替补裁判员上岗工作，在必要时有权撤换不称职的裁判员。

（6）总裁判根据自己的观察或其他裁判员的报告，有权取消犯规运动队、运动员的比赛资格和录取资格。

（7）各项、组的比赛成绩须经总裁判签名。

（8）副总裁判协助总裁判工作。总裁判、副总裁判可轮流担任各场比赛的执行总裁判，履行该场比赛总裁判的职责。

（9）按照本文内容条款，对比赛中出界、时间和有关纪律等问题进行扣分。

2. 编排裁判组

（1）编排裁判组设5名裁判，其中1名任组长。

（2）组长在赛前组织裁判员认真学习规则和规程，统一裁判尺度，并进行赛前实习。

（3）编排裁判组评价动作编排的健身价值和艺术价值，包括音乐伴奏和动作编排（规定动作是否符合规则，身体动作的选择，器械动作的选择，科学性、有效性、一致性、多样性、创新性）。

3. 完成裁判组

（1）完成裁判组设5名裁判，其中1名任组长。

（2）组长在赛前组织裁判员认真学习规则和规程，统一裁判尺度，并进行赛前实习。

（3）完成裁判组评价动作的完成情况，根据动作完成的准确性、动作幅度、动作速度和力度、美观程度、同步情况等，对任何偏离完美完成的所有动作错误给予减分。

4. 其他裁判

（1）检录员。2~3名，按照参赛顺序表及赛前确定的准确时间进行2次检录；听从总裁指导（检录员用表略）。

（2）记录员。2~3名，抽签后出印、发放比赛顺序表；计算各队各项比赛最后得分，填写成绩统计表；经总裁审后，录入电脑程序并出印、发布、发放成绩单。比赛结束后，编辑印制成绩册。

（3）计时员。2名，负责记取各队比赛的时间以及手臂或器械在水中动作的时间，若有犯规，及时报告总裁判。

（4）放音员。1~2名，负责报到后各队音乐盘的审查和试盘；负责按顺序表播放比赛音乐；负责与承办地音响师等联络，保证赛前相关器材、人员到位。

（5）宣告员。1~2名，负责根据总裁判的指令和竞赛规则、规程编写播音脚本，经总裁判审核后按脚本在比赛开始及过程中介绍裁判员、运动队出场；介绍比赛项目、分组顺序、各队队员、各队得分、名次及团体总分等内容；介绍水中健身活动。

（九）仲　裁

（1）仲裁人员由中国游泳协会选派，人数为奇数。

（2）申诉：参赛者应遵守本规则，服从裁判，服从组委会安排。比赛现场如有需裁决的问题，由参赛队指定专人向仲裁提出申诉。

三、编排裁判评分标准与办法

编排分总分为 10 分。

（一）成套编排

1. 成套动作

（1）动作编排的设计应伸展、有动感。

（2）利用水的特性以肢体和器械在水面下的动作为主。不符合上述要求扣 0.20 ~0.50 分。

（3）动作内容应体现均衡性、多样性与连接性。不符合上述要求扣 0.20 ~ 0.50 分。

（4）规定动作少做一个，扣 0.2 分。未按顺序编排，扣 0.1 分。

开始和结束动作必须在水中完成。只允许在开始和结束时出现托举动作，但被托举人的膝关节以下部位不得露出水面。不符合上述要求扣 0.20 分。

一套动作中，从开始到结束一次动作不得多于 2 处，停顿时间不超过 10 秒。不符合要求扣 0.10 ~0.20 分。

不允许将头潜于水下、倒立或做抛接动作，不符合要求扣 0.30 ~0.50 分。

器械运用合理，徒手操在水下动作时间不少于 2 分钟，器械项目在水下动作不少于 1.5 分钟，不符合要求扣 0.10 ~0.50 分。

2. 音乐的选择和运用

音乐的选配应有利于表现参赛者的个性特点与技术风格，不符合要求扣 0.10 ~ 0.30 分。

在音乐的配合下完成动作时，不要在整套动作中喊节拍，可以有单个节拍的提示，强调音乐配合完成动作。

3. 基本表现

表现力：参赛者要体现自信力、感染力，不符合要求扣 0.10 ~0.50 分。

（二）编排裁判员评分表

编排裁判评分表

<table>
<tr><td>裁判员</td><td></td><td>裁判号</td><td></td><td>人　数</td><td></td></tr>
<tr><td>参赛队</td><td></td><td>项　目</td><td></td><td>领操员</td><td></td></tr>
<tr><td colspan="4">扣分点描述</td><td>扣分标准</td><td>裁判扣分</td></tr>
<tr><td rowspan="4">编　排</td><td colspan="3">不符合水中健身特点，上肢或器械在水面和水面下的时间少于 2 分钟</td><td>0. 20 ~0. 50 分</td><td></td></tr>
<tr><td colspan="3">场地与空间使用不充足，（集体项目）队形变化不足 8 次</td><td>0. 10 ~0. 50 分</td><td></td></tr>
<tr><td colspan="3">头潜于水下或倒立等危险动作</td><td>0. 10 ~0. 50 分</td><td></td></tr>
<tr><td colspan="3">动作不优美健康，协调性、多样性差</td><td>0. 10 ~0. 50 分</td><td></td></tr>
<tr><td>音　乐</td><td colspan="3">动作与音乐韵律不一致</td><td>0. 20 分</td><td></td></tr>
<tr><td>独创性</td><td colspan="3">缺乏独特的风格</td><td>0. 20 分</td><td></td></tr>
<tr><td rowspan="2">规定动作完整性</td><td colspan="3">漏做</td><td>0. 20 分</td><td></td></tr>
<tr><td colspan="3">未按顺序做，每错一次扣分。
规定动作（长城万里、大开大合、翩翩飞燕、团团圆圆、踏雪寻梅、马踏飞燕、风中杨柳、排山倒海、中流砥柱、大浪淘沙、四通八达、扭转乾坤）</td><td>0. 10 分</td><td></td></tr>
<tr><td>总扣分</td><td colspan="5"></td></tr>
<tr><td>总得分</td><td colspan="5"></td></tr>
</table>

四、完成裁判评分标准与办法

完成分总分为 10 分。

（一）动作的完成质量

身体姿态有控制能力，不符合要求扣 0. 20 分。

动作的力度：成套动作的爆发力、耐久力。力度是通过动作快速准确到位的延伸制动控制来实现的，不符合要求扣 0. 20 分。

动作的准确性：动作规范、准确，不符合要求扣 0. 20 ~0. 50 分。

动作的流畅性：轻松流畅，完成规定动作时，动作熟练且无漏做动作，漏做一个动作扣0.10～0.50分。

同步性：集体动作整齐，不符合要求扣0.20分。

队形：队形变化清晰、流畅，不符合要求扣0.20分。

（二）出　界

身体的任何部分出界，每次扣0.30分。

器械脱手，每次扣0.30分。

（三）完成裁判员评分表

完成裁判评分表

裁判员		裁判号		人　数	
参赛队		项　目		领操员	
扣分内容				扣分标准	裁判扣分
动　作	身体姿态的控制能力			0.20分	
	动作的爆发力、耐久力			0.20分	
	动作的规范、准确和方向清楚			0.10～0.50分	
	动作的熟练且无漏做动作			0.10～0.50分	
表现力与团队	队形变化清晰、流畅			0.20分	
	集体动作整齐			0.20分	
	自信力和感染力			0.10～0.50分	
出界器械	身体任何部分出界			0.10～0.50分	
	器械脱手			0.10～0.50分	
总扣分					
总得分					

五、总裁判评分

（一）音　乐

时间不足或超过规定时间，不符合要求扣0.20分。

（二）参赛队服装仪容

参赛者服装不符合规定、佩戴危险或不健康装饰物，扣0.20分。

（三）参赛队纪律

参赛队接到指令后才能入场，不符合要求扣0.20分。
参赛队拖延入场，扣0.20～0.5分。
参赛队不得在比赛场地内做准备活动，不符合要求扣0.20分。

（四）总裁判长评分表

总裁判长评分表

总裁判长		人　数		领操员	
参赛队		项　目			
扣分内容				扣分标准	裁判扣分
音　乐	时间不足或超过规定时间，或重复使用音乐			0.10～0.50分	
服　饰	服装不符合规定、佩戴装饰物			0.20分	
	出界			0.20分	
纪　律	违反规定进入比赛场地			0.20分	
	拖延入场			0.20分	
	在比赛场地内做准备活动			0.20分	
	参赛队提示参赛者			0.20分	
总扣分					

六、评分与成绩

（一）评分分值

（1）编排裁判员0.00～10.00分。每种失误累计减分不超过2分。
（2）完成裁判员0.00～10.00分。每种失误累计减分不超过2分。

（二）评分计算

编排分（最高10分）：去掉1个最高分、1个最低分，其余3个分的平均值为所得分。

完成分（最高10分）：去掉1个最高分、1个最低分，其余3个分的平均值为所得分。

（三）最终成绩

编排分、完成分和总裁判评分之和。

七、纪律与处罚

（一）裁判员

（1）严格执行国家体育总局主管部门有关规定，按时报到并按要求参加学习、实习、会议等活动。

（2）未经组委会同意，不得擅自向参赛队泄露不应公开的内容。

（3）秉公执法，不得接受参赛队宴请或礼物。

（4）违反裁判纪律者，取消裁判资格，所有经费自理，并将处罚结果通报其所在单位。

（二）参赛队

（1）裁判示意后1分钟未出场者，取消其比赛资格。

（2）拒绝领奖者，取消其所有比赛成绩与名次。

（3）检录2次未到者，取消其该项比赛资格。

（4）不遵守大会有关规定、干扰比赛者，将视情况给予警告、取消比赛资格的处罚。